HELMUT GOLLWITZER

nachrufe

Chr. Kaiser

CIP-Kurztitelaufnahme der Deutschen Bibliothek

Gollwitzer, Helmut
[Sammlung]
Nachrufe
1. Auflage München: Kaiser 1977
(Kaiser Traktate; 27)

ISBN 3-459-01123-8

Umschlag: Ernst Eichinger.
Gesamtherstellung: Georg Wagner, Nördlingen.
Printed in Germany.

INHALT

Elly Heuss-Knapp
4

Else Niemöller, Dorothea Schulz
13

Benno Ohnesorg
21

Antonie Meinecke
25

Charlotte von Kirschbaum
31

Wilhelm Weischedel
36

Hasko Frost
43

Ulrike Meinhof
49

Gustav W. Heinemann
53

Anna Helene von Bodenhausen
61

Ottonie Blanck-Lubarsch
66

Adolf E. Freudenberg
73

Nachweise
80

ELLY HEUSS-KNAPP

1881 – 1952

Die Gottesdienste in Dahlem zogen in den Jahren vor und während des letzten Krieges Menschen sehr verschiedener Herkunft und Geisteshaltung an, die Stärkung und Orientierung suchten für den täglichen Kampf gegen den Sog der Tyrannei und für deren Untergrabung. Theodor Heuss, der Schreibverbot hatte und nur pseudonym veröffentlichen konnte, und Elly Heuss, die mit Fabrizierung von Reklame-Texten Geld verdiente, gehörten dazu. Wer sich in der moralischen Entscheidung gegen die mörderische Tyrannei fand, wurde bald Freund, und sonstige Differenzen – z. B. die zwischen theologischem und politischem Liberalismus Naumannscher Prägung einerseits und Theologie der Barmer Erklärung, von Karl Barth geprägt, andererseits konnten die Freundschaft nur würzen.

Als ich 1950, aus sowjetischer Kriegsgefangenschaft zurückgekehrt, in Bonn eine theologische Professur übernahm, wurden meine Frau und ich beim nunmehrigen Bundespräsidentenehepaar in der Villa Hammerschmidt in alter Herzlichkeit aufgenommen. Im nachbarlichen Verkehr wurden mir in dieser neuen deutschen Welt die neuen Möglichkeiten und die ersten Schwierigkeiten der jungen deutschen Republik anschaulich. Theodor Heuss hat als ihr erster Präsident in großem Maße dazu beigetragen, daß diese zweite deutsche Republik nicht wieder eine „ungeliebte Republik" geworden ist, und Elly Heuss hatte mit ihrer Herzenswärme, Geistesklarheit und Charakterstärke großen Anteil daran.

Bald senkten sich die Schatten der Krankheit auf das Leben in der neuen Aufgabe. Das Weggehen fiel ihr schwer. Die letzten Gespräche waren Aufblicke, Frucht lebenslangen Hörens der evangelischen Botschaft. Als nach dem Abschiedsgottesdienst in der Bonner Luther-Kirche ein langer Ehrenzug den Sarg zum Bahnhof, zur Überführung nach Stuttgart, geleitete, wußten wir, daß Theodor Heuss seinen unentbehrlichsten Menschen verloren hatte.

»Ich aber will schauen dein Antlitz in Gerechtigkeit; ich will satt werden, wenn ich erwache, an deinem Bilde« (Psalm 17,15).

In dem Exemplar des Neuen Testamentes, das unsere liebe Heimgegangene während der letzten Jahrzehnte benützt hat, ist dieser Vers unterstrichen. Das würde noch nicht besagen, daß er ihr ein besonders bestimmender Bibelvers gewesen sei; denn in ihrem Neuen Testamente sind viele Verse unterstrichen. Mit Randbemerkungen und Unterstreichungen fast auf jeder Seite ist es das Dokument eines reichen Menschenlebens, ein Buch, in dem nicht nur gelegentlich geblättert, sondern mit dem gelebt worden ist, wie man sonst eben mit keinem Buche lebt, wie man nur mit diesem Buche leben kann. Wenn wir aus ihrem Neuen Testamente unter den zahllosen angestrichenen Versen gerade diesen wählen, damit er in dieser Stunde des Abschieds unseren Gedanken Halt und Richtung gebe, so ist das darin begründet, daß dieser Vers ausblickt auf die obere Welt, auf die hin sie nun den entscheidenden Schritt getan hat, und daß dies ein Ausblick ist, den sie selbst nie versäumt, den sie immer wieder vollzogen und der die letzten Zeiten ihres Lebens ganz bestimmt hat. Ihre elsässischen Jugenderinnerungen schließt sie im Jahre 1934 mit dem Blick auf die Kreuzblume des Straßburger Münsterturmes und nennt diese »ein Wahrzeichen der unverlierbaren Heimat«, der oberen nämlich, der Gottesheimat, – und als ich vor einem Jahre nach langen Jahren der Trennung zum ersten Male wieder mit ihr zusammen sein durfte, schrieb sie mir in ihre kleine, reizvolle Sammlung von Rückerts Gedichten den Rückert-Vers, der für sie, die große Liebhaberin von Blumen und Gedichten und allem Irdisch-Schönen so bezeichnend ist:

Wie ist die Erde schön,
den Himmel zu erwarten, –
Ihn zu vergessen ist
nicht schön genug ihr Garten.

Sie hat, mit ungewöhnlicher Aktivität und Lebensbejahung auf dieser Erde sich bewegend, den himmlischen Garten als Ziel unseres Weges nie vergessen und sie hat in den letzten Monaten ihres Lebens, als sie das Klopfen des Todesboten an der Tür vernahm, sich ganz in diesen Ausblick auf die obere Welt hineingelebt. Als in der Woche vor Pfingsten ihr Zustand sich so verschlimmerte, daß wir damals schon täglich mit ihrem Heimgang rechneten, und als dann doch plötzlich eine Besserung eintrat, da verhielt sie sich nicht wie ein Mensch, der erleichtert ist, noch einmal vor dem Tode bewahrt worden zu sein, sondern wie einer, dessen Heimkehr noch einmal einen ärgerlichen Aufschub erfahren hat. »Wenn ich nicht meines Mannes wegen mich über die Besserung freuen müßte, so würde ich jetzt traurig darüber sein«, sagte sie mir und anderen, »ich war so schön gerüstet hinüber zu gehen«, – und »gerüstet« hieß für sie das, was es allein heißen kann: ganz losgelöst von den kleinen Dingen dieser Welt, ganz hingewandt zu den großen, ewigen Dingen der göttlichen Welt, »daß uns werde klein das Kleine und das Große groß erscheine«. So nehmen wir heute Abschied von einem Menschen, der in diesem Ausblick lebte und sich mehr und mehr in ihn hineinlebte: *»Ich will schauen dein Antlitz in Gerechtigkeit; ich will satt werden, wenn ich erwache, an deinem Bilde.«*

Das kann ein Mensch nur sagen auf Grund von Zusage. Es muß etwas geschehen sein von drüben her, von oben her, damit ein Mensch mit Gewißheit über den Tod hinausschauen kann. Der undurchdringliche Vorhang, mit dem der Tod uns jeden Ausblick verrammelt, muß durchbrochen, die Sperre weggenommen sein, so daß unser Blick auf den Tod zum Ausblick auf das Leben wird. Nicht mystische Erlebnisse, die ja auch Selbsttäuschung sein könnten und deren übrigens unsere Heimgegangene in der klaren Nüchternheit ihres Wesens so wenig gehabt hat wie die meisten von uns, verschaffen uns einen gewissen Ausblick über den Tod hinaus, sondern einem ganz anderen Ereignis haben wir dies zu danken. Der, dessen Antlitz der Psalmsänger nach dem Erwachen aus dem Todesschlafe zu schauen hofft, der ist ihm nicht mehr ein Unbekannter, der hat selbst schon den Vorhang des Todes, der unseren Blick abriegelt und die menschliche und die göttliche Welt voneinander trennt, durchbrochen und sich uns bekannt gemacht. Nicht ein unbekanntes Antlitz erwartet der Psalmist drüben zu schauen, sondern das Antlitz des Herrn und Gottes, den er hier schon gehört hat, mit dem er hier schon verbunden war. Daraufhin kann hier unter uns, in dem Gewirr von Religionen und Ideologien, von Gläubigkeiten und Ungläubigkeiten ein Mensch so, wie Frau Heuss es getan hat, dem eigenen Tode klar und bewußt entgegengehen und zugleich sagen: ich bin gerüstet, – und zwar nicht mit stoischer Resignation gegenüber einem bitteren, unabwendbaren Todesschicksal, sondern freudig gerüstet: ich weiß, was mich – nein, wer mich dort erwartet. Das ist nur möglich, aber das ist auch wirklich möglich, weil der, der uns drüben erwartet, hier schon unter uns getreten ist und sich uns bekannt gemacht. Weil sein Antlitz hier schon sichtbar geworden ist, *darum* wissen wir, daß der Tod nicht das Ende, nicht das letzte Wort über unserer Existenz ist, sondern daß Er der Herr auch des Todes ist und daß auch der Tod uns nicht aus Seinen Händen reißen kann. Wir sprechen damit von dem Ereignis, das Jesus Christus heißt. Die „Klarheit Gottes in dem Angesichte Jesu Christi«, wie der Apostel Paulus einmal sagt (2. Kor. 4,6), ist das Bekanntwerden dessen, der uns jenseits des Todes erwartet. In dem Neuen Testamente von Frau Heuss ist einmal von ihr am Rande ein Abendmahlsgang vermerkt und dazu ein Vers aus dem 1. Buche Mosis (32,31) geschrieben: »Ich habe Gott von Angesicht gesehen, und meine Seele ist genesen.« Verhüllt in den irdischen Zeichen von Brot und Wein, verhüllt in der Niedrigkeit eines Menschen ist in dem Menschen Jesus von Nazareth Gottes, des einen lebendigen Gottes Angesicht uns Menschen sichtbar geworden, wenn wir nur von Seinem Heiligen

Geist uns durch Sein Wort die Augen öffnen lassen, und wo das geschieht, da kann unsere Seele genesen, – genesen von Todesfurcht, genesen von der Vergänglichkeit und von der Schwermut bei dem Gedanken an die scheinbare Sinnlosigkeit alles irdischen Tuns, genesen von der Erkenntnis der eigenen, tiefen Schuld.

Darum heißt es hier: »in Gerechtigkeit«, d. h. als ein Gerechtgewordener. Wer von uns wäre denn gerecht? Sie, Frau Heuss, würde als erste unter uns aufstehen und sich als eine Ungerechte bekennen, nicht aus Bescheidenheit sondern in klarer Erkenntnis, ein Mensch der Schuld zu sein, der nur von Vergebung leben kann. Die Bitte um Vergebung des Verschuldeten und des Versäumten war ihr ein wesentlicher Teil der Zurüstung auf den Tod; diese Bitte sprach sie aus, wenn sie beim Beten sich mit dem Zeichen des heiligen Kreuzes zu bezeichnen pflegte. Es war ihr ernst damit. Wir tragen hier nicht eine Gerechte zu Grabe, sondern eine arme Sünderin. Aber wie der Tod, so hat auch die Sünde nicht das letzte Wort, nachdem die Klarheit Gottes im Angesichte Jesu Christi erschienen ist. Das Blut Jesu Christi macht uns rein von aller Sünde, – und nun ist der Tod nicht mehr das Ende unseres Lebens, das wir fürchten müßten, sondern das Ende unseres Sünderseins, auf das wir uns freuen dürfen. Hier traten wir als Sünder zum Altar, um Sein Angesicht in der Verhüllung zu schauen, dort werden wir in Gerechtigkeit Ihn schauen ohne Ende, reines, d. h. gereinigten Herzens, wie es in den Seligpreisungen der Bergpredigt verheißen ist. Das ist das große, fröhlich machende Licht über dem Tod. Vita mutatur, non tollitur, »das Leben wird verwandelt, nicht vernichtet«, – diese Worte aus der Präfation der Totenmesse standen in der Mitte des letzten Gespräches, das ich mit ihr führen durfte, und dies also ist die größte Wandlung, die uns verheißen ist: »Ich werde schauen dein Antlitz in Gerechtigkeit.«

Der hebräische Ausdruck, der vorhin mit »ich will schauen« übersetzt wurde, kann auch übersetzt werden mit »ich werde schauen« oder »ich darf schauen«. Was hülfe all unser Wollen in diesen Dingen, wenn es sich nicht auf ein Dürfen gründete? Ich will dieses Herrliche, weil ich es darf, und ich darf es, weil Er es mir versprochen hat, indem Er nach mir griff, indem Er mir begegnete in seinem Wort, in seiner Taufe, in seinem Abendmahl, in seinem Kreuze, indem Er mich in seine Gemeinde stellte und zu einem Glied seines Leibes machte. Als Glied dieser Gemeinde Jesu Christi hat unsere Heimgegangene gelebt, in mancherlei Weise war sie in dieser Gemeinde tätig gewesen: als Lehrerin am Religions-Pädagogischen Institut und an unserer Dahlemer Bibelschule, als Glied der Gemeinde ihres Freundes Dibelius am Heilsbronnen in Berlin. Die Grenzen der Gemeinde Jesu Christi fielen für sie nicht mit den Grenzen einer Konfession zusammen. Ihr Herz war offen, Christi Geist überall am Werke zu sehen. So lebte sie ein wahrhaft ökumenisches Christentum und war ihrem Freunde Albert Schweitzer nicht weniger »in Christo« verbunden als manchen katholischen Ordensfrauen. Aus dieser Gliedschaft in der Gemeinde Jesu Christi wuchs ihr auch der Antrieb zu ihrem vielfältigen Wirken in der Frauenbewegung, in der sozialen Arbeit und schließlich – die hohe Stellung, in die sie durch die Wahl ihres Gatten zum Bundespräsidenten gekommen war, sofort als eine Aufgabe verstehend und als eine Gelegenheit ausnützend – im »Mütter-Genesungswerk«, für das ihr unzählige abgearbeitete und hilflose Mütter in Deutschland schon so unendlich dankbar sind. Nicht um für das Christentum zu werben, sondern um aus der Kraft des Christentums zu dienen, wandte sie sich so den hilfsbedürftigen Menschen zu. Die sehr verschiedenartigen Ausprägungen des Christentums, die ihr in ihrem Leben bestimmend begegnet sind und die in ihrer Weite durch Namen wie Albert Schweitzer, Friedrich Naumann und Vinzenz von St. Paul, ihrem Lieblingsheiligen, gekennzeichnet sind, haben das Gemeinsame, daß sie alle das Christentum als einen Ruf und eine Ausrüstung zum Dienst an anderen Menschen, zum Nothelferdienst am leidenden Menschen verstehen. Sie, Herr Präsident, haben mir in diesen Tagen erzählt, wie Albert Schweitzer Sie beide vor vierundvierzig Jahren getraut und dabei zu Ihrer Überraschung als Trauspruch das Wort aus der Bergpredigt gesprochen hat: *»Ihr seid das Salz der Erde.«* Ein Erschrecken habe Sie damals durchfahren, weil es ja ein so anspruchsvolles Wort zu sein scheint. Denn wer möchte sich selbst so zu bezeichnen wagen? Wer möchte so vermessen sein, sich das vorzunehmen: »Ich will das Salz der Erde sein«? Wer würde, mit einer so übermenschlich großen Aufgabe beladen, nicht unter ihr in die Knie brechen? Aber nun heißt es ja nicht: »Ihr sollt das Salz der Erde sein« oder »Ihr sollte das Salz der Erde sein wollen«, sondern ganz schlicht: »Ihr *seid* das Salz der Erde« – und das ist im Munde Christi eine Zusage, eine Verheißung. So, wie das »ich will schauen« eigentlich heißt: »ich werde und ich darf schauen«, so heißt dieses »Ihr seid das Salz der Erde« so viel wie: »Ihr werdet und ihr dürft das Salz der Erde sein«, – mit mir nämlich, in meinem Namen, von mir begleitet, unter meiner Vergebung, mit meinem Beistand! Ich, der Auferstandene und Lebendige, will euch benützen, um die Erde mit euch zu salzen, und will Kraftwirkung des Salzes von euch ausgehen lassen. Und nun, im Schmerz des Abschieds nach dem Reichtum dieser vierundvierzig Jahre, werden Sie beide, Ihre Gattin drüben und Sie hier gemeinsam bekennen: Wir haben oft versagt, aber Er hat nie versagt und darum, allein darum hat unser Leben nun doch soviel Wirkung und Segen haben dürfen. Der Dank, mit dem heute viele Menschen an Sie beide denken, das Vertrauen, das in unserem von Mißtrauen zerrissenen Volke sich Ihnen beiden wie ganz wenigen Menschen zugewendet hat und das ein so wichtiger Faktor in unserem neuen Staatswesen geworden ist, der Schmerz, der heute so viele mit Ihnen verbindet, sind ein Zeichen, wie der göttliche Herr zu seiner Verheißung gestanden ist und durch Ihr gemeinsames Leben immer wieder Gutes für andere Menschen hat entstehen lassen. Ihre Helferin, die gute Gärtnerin Ihres Lebens, war in seltenem Maße ausgerüstet, im höchsten Amte des Staates an Ihrer Seite zu stehen: ein Mensch lebendiger Tradition ebenso wie lebendigen Vorwärtsschreitens, zum öffentlichen Wirken nicht weniger befähigt als zu vertrauter Freundschaft, Reichtum des Geistes mit gleichem Reichtum des Gemütes vereinigend. Nun ist sie vom dem gleichen göttlichen Herrn, der Sie einst zusammenführte, abberufen worden, während Sie noch in schwerem Amte stehen müssen. Er hat Sie einsam gemacht, aber Er läßt Sie nicht allein. Der Ausblick auf die obere Welt wird nun, da die Gefährtin Ihres Lebens dorthin vorangegangen ist, für Sie oft mit Sehnsucht verbunden sein. Gott löst uns durch diesen Ausblick wohl von der Gebundenheit ans Irdische, aber Er entfremdet uns nicht dem Dienst am Irdischen. Der Gleiche befiehlt uns ja diesen Dienst, der uns dann drüben erwartet, damit wir dort satt werden an seinem Bilde. Die Trennung ist nur auf Zeit. Praemisimus, non amisimus, sagt der alte Kirchenvater Cyprian, »wir haben nur vorausgeschickt, nicht verloren«. Das gilt tröstlich für Sie und die Ihren wie für uns alle, wenn wir nun voll Schmerz über die Trennung am Sarge *dieser* Gattin, *dieser* Mutter, *dieser* mütterlichen Freundin, *dieser* gesegneten Helferin stehen.

Wir sollten als Menschen dieser Zeit keinen Todesfall in unserer Umgebung erleben, ohne stille zu halten in unserem geschäftigen Tagesbetrieb und uns zu fragen, wie wir eigentlich leben, was eigentlich der Inhalt unseres Lebens sei und ob wir eigentlich gerüstet seien auf den Tod, der uns doch jeden Tag anfallen kann. Wir sind hier Menschen, die zum großen Teil in irgend einem Sinne einen Namen haben, an hervorgehobener, verantwortungsvoller und oft auch beneideter Stelle stehen. So viel sollten wir doch aus den Katastrophen unserer Zeit gelernt haben, daß dies alles sich über Nacht ändern kann. Jeder Tod erinnert uns daran, daß wir hinter unseren Titeln doch nichts anderes sind als Menschen, d. h. sehr arme, sehr ohnmächtige, sehr hilflose Kreaturen.

Keiner von uns weiß, unter welchen Umständen er einmal seinen letzten Atemzug tut, auf welchem Krankenlager oder in welcher Gefängniszelle, als ein nackter, beraubter, von allem entblößter Mensch. Es kann uns in dieser Lage nichts anderes zu getrosten, tapferen Menschen machen, es kann uns nichts anderes Zuversicht, Furchtlosigkeit und Selbstlosigkeit in unserem irdischen Dienst geben, es kann uns nichts anderes für das Sterben rüsten, als daß Er selbst, der lebendige dreieinige Gott, mitten in unser Leben tritt und sich mit unserem Leben verbündet. Er tut das im Geheimnis seiner Menschwerdung, in seinem fleischgewordenen Wort, Jesus Christus. Er gibt uns damit den Ausblick in die obere, ewige Welt und segnet uns damit zum Salz der Erde für die guten wie für die bösen Tage. So spreche sie, unsere liebe Heimgegangene, zum Schluße noch einmal zu uns mit einer ihrer Randbemerkungen in ihrem Neuen Testamente: Zu dem Worte des Apostels Paulus in seinem Epheserbrief (5,16): »Kaufet die Zeit aus; denn es ist böse Zeit«, schreibt sie an den Rand: »Segen der bösen Zeit: sie braucht ganze Menschen. Sie stellt uns ganz auf das Vertrauen, – auf die Liebe, – auf das Gebet. Sie lehrt uns stille sein!« So stille geworden durch ihr Scheiden von uns, sprechen wir mit ihr und sie mit uns: »Ich aber will schauen dein Antlitz in Gerechtigkeit; ich will satt werden, wenn ich erwache, an deinem Bilde.«

ELSE NIEMÖLLER

1890 –1961

DOROTHEA SCHULZ

1914 –1961

Am 8. August 1961 hatte Martin Niemöller auf der Fahrt in die Ferien nach Dänemark einen Autounfall. Er kam mit schweren Verletzungen ins Krankenhaus, seine Frau Else und Dora Schulz, seit 1936 die treue Stütze des Niemöllerschen Haushalts, fanden den Tod; der siebenjährige Enkel Martin hatte nur geringfügige Verletzungen. Als ich Martin Niemöller auf seine Bitte während der ersten Jahre seiner Konzentrationslager-Haft in seiner Gemeinde Dahlem zu vertreten hatte (1938–1940), wurde das Niemöllersche Pfarrhaus mir zur Heimat, und dies nicht zuletzt durch die mütterliche Pflege der beiden Frauen, die dem Druck jener Jahre so tapfer standgehalten haben und (zusammen mit Grete Zachaei, der jetzt allein die Aufgabe der Hausfrau in Wiesbaden zufiel) das Dahlemer Pfarrhaus zu einem Ort des Zusammenkommens und der gegenseitigen Stärkung gemacht haben, und die ich nun zu beerdigen hatte. Von einer großen Trauergemeinde wurden die beiden am 14. August 1961 in Wiesbaden nach einem Gottesdienst in der dortigen Luther-Kirche zu Grabe getragen.

»Wir wissen aber, wenn unser irdisches Haus dieser Hütte zerbrochen wird, daß wir einen Bau haben, von Gott gebaut, ein Haus, nicht mit Händen gemacht, das ewig ist, im Himmel«. (2. Kor. 5,1)

Wir wissen nichts, liebe Freunde! Wir wissen nichts. Das wird uns gerade dann am meisten bewußt, wenn ein Sterben unvorbereitet, unerwartet hereinfährt in unser Leben, wenn wir nicht nur von ferne davon hören, sondern wenn ein naher Mensch unvermittelt aus unserem Leben weggerissen wird wie ein Stück von uns selbst. Eben war er noch da, dann stieg er ins Auto zu einer Ferienfahrt, dann bog er um eine Straßenkurve – und jetzt? Wo ist er jetzt? Wie kam das so plötzlich? Hätte das nicht auch anders gehen können? Was ist jetzt mit ihm? Was heißt dies alles: sterben, tot? Wir wissen es nicht. Wir wissen nichts.
Wir versuchen uns über die Grenze hinüber zu tasten, wir phantasieren uns hinüber, wir bilden uns Weltanschauungen, die auch das Jenseits umfassen, wir haben im Katechismusunterricht einiges über das Jenseits gelernt, – aber der plötzliche, heftige Schmerz wirft das alles über den Haufen. Wir fassen nach der Hand unseres nächsten und liebsten Menschen und halten sie erschrocken fest, um uns wenigstens seiner Gegenwart angesichts des Sterbens noch zu versichern, aber sicherstellen können wir auch sie nicht; jedes Sterben erinnert uns daran, daß auch die engste Gemeinschaft einmal getrennt wird. Warum und wohin? Wir wissen es nicht. Wir wollen uns nichts vormachen: Kommen wir hier zusammen, schwer erschüttert und tief getroffen durch dieses große Unglück im Leben unseres Bruders und Freundes, dann bringen wir an diese zwei Särge unsere ganze Armut, Ohnmacht, Ratlosigkeit und Unwissenheit. Soweit es unsere Vorstellungen und Überzeugungen betrifft, auch unsere christlichen und auswendig gelernten, ist das alles erschüttert, und wir tun besser zu sagen: Wir wissen nichts.

Geschieht nun dies, daß ein Apostel in unsere Mitte tritt, ein Gottesbote, so ist das ein großes Wunder. Ein Wunder ist es, wenn ein Mensch in solcher Stunde den Mund auftun darf nicht nur als Sprecher unserer Trauer und unseres Nichtwissens, sondern um etwas Anderes zu sagen, etwas Neues und Gewisses. Von uns wird nur verlangt, wir sollten es nicht im Übermaß des Schmerzes von uns stoßen, wir sollten es nicht überhören im Geschrei unseres Herzens mit seinen Klagen und Fragen. Es geschieht das Wunder, daß Menschen ermächtigt werden, mitten im Tode uns die Botschaft des Lebens zuzurufen.

Der Apostel tut das jetzt auf eine besondere Weise. Er macht das so, daß er uns anredet als Leute, die wissen, die nicht »nicht wissen«. Er bezieht uns ein in sein Wissen. In das Wissen, das ihm gegeben ist. Das bedeutet nicht, daß er sich Illusionen hingäbe über die Erschütterung, in deren Schwanken all unser mitgebrachtes Wissen hineingezogen ist. Setzt der Apostel dagegen sein *»Wir wissen«*, so appelliert er nicht an ein Wissen, das wir unerschüttert hierher an diese Särge mitbringen könnten, sondern er appelliert an unser Hören. »Ihr wißt doch«, will er sagen, und das heißt soviel wie: »Ihr hört doch!« Mitten hinein in euer Nicht-wissen hört ihr doch, hört ihr jetzt aufs neue die neue Botschaft, und wenn ihr sie auch kaum fassen könnt, wenn sie auch all euer Verstehen und Vorstellen übersteigt, so seid doch froh, daß sie euch zugerufen wird, daß nicht allein euer Klagen, Fragen und Phantasieren laut werden muß in solcher Stunde, daß nicht nur das Zerbrechen sichtbar ist, sondern daß euch zugerufen wird: Dieses Zerbrechen ist der erste Schritt zu einem Bauen. Weil gebaut werden soll, darum ist hier zerbrochen worden, darum müssen wir jetzt zerbrochene Leiber, abgebrochene Leben zur Grube bringen. Nicht um Ende, sondern um Neubau handelt es sich. Die Hütte, die alte Baracke muß weichen, weil ein dauerhaftes, festes, wohnliches Haus an ihre Stelle treten soll. Ein Haus, von anderen Händen gemacht als von den unsrigen, darum nicht als Werk unserer Hände mit unseren Händen ins Grab sinkend, nicht brüchig, dreckig, gezeichnet vom Tode und von allem, was durch den Tod bestimmt ist, sondern ein Haus des göttlichen Baumeisters aus göttlichen Händen, aus göttlichem Material, von göttlichem Leben durchzogen, zur Gotteswelt gehörig, zur himmlischen Welt und nicht zur Todeswelt.

Wie wir uns das auch im einzelnen denken mögen, – es heißt doch jedenfalls: mitten in diesem Ende und Zerbrechen tritt zu uns ein Herr, der aufbauen kann, wo sonst niemand aufbauen kann, und dieser Herr bittet uns, wir möchten ihm Vertrauen schenken, wir möchten ihm unser Leben und Sterben, wir möchten ihm unsere Lieben in die Hand geben und anbefehlen, wir möchten ihm auch die alten Baracken unseres Menschenlebens überlassen und ihnen nicht mehr nachweinen, wenn er es für richtig hält, sie abzubrechen. Auch dann nicht, wenn er es für richtig hält, sie so plötzlich und schmerzhaft wegzureißen, wie es hier geschehen ist. Dieser Herr ist, wie der alte Blumhardt ausgerufen hat, kein »Kaputtmacher«, er reißt nicht ab, um zunichte zu machen. Wäre es so, dann könnten wir uns ihm nicht anvertrauen, sondern täten recht, mit allen Kräften und auf alle mögliche Weise uns gegen ihn zu wehren. Anvertrauen können wir uns nur dem Leben und dem Lebendigen. Alles, was Er tut und spricht, von seinem Gang ans Kreuz bis zu dem Wort, das er uns in dieser schweren Stunde durch seinen Apostel sagen läßt, dies alles dient nur dazu, daß wir doch einsehen möchten: Ihm darf man sich anvertrauen. Mit dem allem will er uns nur dies ins Herz sagen: Mir dürft ihr euch anvertrauen! Wir wissen, ihr wißt doch, ihr hört doch: nicht angesichts des Todes steht ihr, sondern angesichts dessen, dem ihr euch mitten im Krachen des Abbruchs der alten Hütte vorbehaltlos anvertrauen dürft.

Das meinte wohl einer von den Lieblingsversen von Else Niemöller, von dem sie wünschte, er möchte einst bei ihrer Trauerfeier laut werden:

»Der Anfang, das Ende, o Herr, sie sind dein.
Die Spanne dazwischen, das Leben war mein.
Und irrt' ich im Dunkel und fand ich nicht aus:
Bei dir, Herr, ist Frieden und Licht ist dein Haus!«

Freilich, unser Herz hängt an der alten Baracke. Das ist verständlich und nicht einfach verboten. Wir kannten ja nichts anderes, wir hausten in ihr schlecht und recht, hier kannten wir uns aus, hier hatten wir unsere Freunde, hier liebten wir einander. So klammern wir uns an die alte Baracke und sind entsetzt über ihr Zerbrechen. Aber Er selbst legt uns die Hand auf die Schulter und sagt: Weint nicht, siehe, ich mache alles neu! Daß ihr hergeben müßt, ist bitter, ich weiß es. Darum dürft ihr auch ein wenig weinen. Aber daß ihr nicht nur hergebt, sondern empfangt, daß hier nicht nur beendet, sondern angefangen wird, daß ich hier nicht nur zerbreche, sondern baue, daß überall, wo ich nehme, ich mich selbst dabei gebe, das sollt ihr hören und sollt also wissen, daß ihr hier nicht nur verliert, sondern *»habt«*! Zum Vergleichen will uns dieser Herr die Augen öffnen, zum rechten Vergleich, damit wir nicht in die Hütte uns verlieben und das Haus mißachten, damit wir nicht kurzsichtig nur auf das Zerbrechen starren und das Haus nicht sehen, das – und hier geht das Wort des Apostels über das Bild vom Abbruch und vom Neubau noch hinaus! – das ja schon dasteht, das ihr schon habt. Wir werden nicht eigentlich auf eine Zukunft vertröstet, sondern es wird uns gesagt: Ihr seid schon zu Hause, im neuen ewigen, göttlichen Hause, ihr habt es schon, ihr seid schon hineingenommen in ein Leben, das nicht enden kann, das durchweht ist von Gottes Leben, das versiegelt ist und fest steht in der Auferstehung Jesu Christi.
Wir sollen also gerade an das denken, was eben diese beiden Leben, um die wir jetzt trauern, bestimmt hat. Was hier zu Ende gegangen ist, das hat ja das Leben, das nicht zu Ende geht, schon in sich getragen und war mit ihm verbunden.

Unser Schmerz denkt zurück: zurück an die köstlichen Stunden in der Dahlemer Küche und am Wiesbadener Mittagstisch. Sollen wir also nie mehr unsere Freundin Else erzählen hören von den Kindern und von den Reisen mit ihrem geliebten Mann? Sollen wir nicht mehr Doras flinke Schritte durchs Haus laufen hören, wie sie überall nach dem Rechten sieht, und sollen wir in aufgeregten Stunden nicht mehr ihre treffenden, vernünftigen Zwischenrufe hören? Haben wir nicht hoffen können, daß trotz der Beschwerden des Alters, die in den letzten Jahren Mutter Else heimsuchten, diese beiden unzertrennlichen Gatten noch lange zusammen bleiben dürften? War für sie beide und für die Kinder und Enkel nicht Dora, die Unermüdliche, unentbehrlich, um das Hauswesen zusammen zu halten? War sie nicht ein geliebtes Glied der Familie? Wie wird unser Bruder Martin mit dem, was geschehen ist, fertig werden, leiblich und seelisch? Wie wird er, der Unentbehrliche, dieser von vielen von uns so heißgeliebte Mann, der uns immer wieder mit prophetischer Kraft Gottes Weg in unserer Zeit gezeigt hat, weiter seinen Dienst tun können, diesen hingebungsvollen, aufreibenden, oft so ärgerlichen Dienst uns, die wir wohl alle irgendwann einmal den Kopf über sein Verhalten geschüttelt haben und später oft genug beschämt erkennen mußten, daß er früher und klarer das Notwendige gesehen und ausgesprochen hat als die anderen.
Wir wissen nicht, wie es weitergehen wird. Aber wie könnten wir zurückblicken und zurücktrauern, ohne dabei erinnert zu werden an das, worum es in diesem Hause gegangen ist, was sich mit dem Namen Niemöller verbunden hat in diesen Jahrzehnten und was auch diese Menschen: Martin, Else und Dora untereinander, mit der Familie und mit uns anderen verbunden hat? Wie könnten etwa die acht Jahre der KZ-Haft weggedacht werden, die miteinander getragen werden mußten, und wie könnte von diesen acht Jahren das weggedacht werden, worum es in ihnen ging: doch nicht irgendwelche politischen Ansichten, doch nicht eine

menschliche Weltanschauung, doch nicht irgendwelche noch so richtigen Überzeugungen, sondern die Lebensbotschaft, die Wirklichkeit der Liebe Gottes, die Liebesherrschaft des Gekreuzigten, die von ihren Zeugen verlangt, daß sie die Probe aufs Exempel machen. Diese Probe aufs Exempel hat Martin Niemöller damals machen müssen; in diese Probe aufs Exempel wurden diejenigen mit hineingezogen, die mit ihm zusammengehörten. Das hat euer Leben, ihr Glieder der Familie Niemöller, anstrengend, reich und bewegt gemacht. Im Zeugnis von der Liebesherrschaft des Gekreuzigten hat sich Martin Niemöller in den Jahren nach seiner Befreiung verzehrt, in der ihm eigenen unerschrockenen, unbestechlichen und unbequemen Weise; so hat er seiner hessischen Kirche und den Christen in Ost und West gedient, und an diesem Dienst waren seine Frau und Dora in einem Maße beteiligt, das uns erst jetzt, da sie fehlen werden, ganz bewußt wird.
Das gleiche Evangelium, um das wir in Sorge sind mit unseren Fragen, wie es nun weiter gehen würde, das gleiche Evangelium, das in der Mitte dieses Hauses steht, und dem in diesem Hause so viel geopfert werden mußte, von dem aber in diesem Hause Erfahrung und Segen ausging, dieses gleiche Evangelium will jetzt gehört und ernstgenommen sein mitten in unserem Schrecken. Dieses Evangelium, der Lebensbereich, den es stiftet, die Gemeinde, die es schafft, dieses Evangelium, dem wir uns im Leben und im Sterben anvertrauen dürfen, das ist doch unser Haus, das haben wir schon, diese Ewigkeit, diese himmlischen Schutzwände umgeben uns schon; unter diesem göttlichen Dach sind wir schon und bleiben wir vereinigt, wir, die noch Lebenden, mit denen, die schon weggerufen sind, mit denen, die damals in Dahlem mit uns zusammen lebten und zu ihrem Evangeliumsdienst von Dora mit Butterstullen und von Else mit Ermahnungen gestärkt wurden, mit Wolfgang Saß und Peter Jessen samt Jochen und Jutta. Es soll uns wie ein Zeichen sein, daß ein fast unverletztes Kind jenes Unglück auf der

dänischen Straße überstand. Das war eine große Milderung, eine gnädige Ersparung noch größeren Schmerzes, zugleich aber auch ein Zeichen: »Dies Kind soll unverletzet sein!« So wird es gesprochen vom Himmel her über diesen zerbrochenen Körper. »Dies Kind soll unverletzet sein!« So wird es gesprochen über unseren Bruder Martin und so wird es zugerufen uns Trauernden allen: »Dies Kind soll unverletzet sein!« Das sollen wir jetzt wissen. So sind unsere Tränen nicht das Letzte. »Er wird abwischen alle Tränen von unseren Augen«. Das ist wahrer, lebendiger Trost, wie ihn wohl Else Niemöller auch bei einem anderen von ihren Lieblingsversen empfunden hat, den sie sich wahrscheinlich in den schwersten Stunden ihres Lebens vorgesagt hat und auch in dieser Stunde hat gesprochen haben wollen:

»Ich wand're meine Straßen,
die zu der Heimat führt,
wo mich ohn' alle Maßen
mein Heiland trösten wird.«

BENNO OHNESORG

1940–1967

Im Kriege konnte man es mehrmals erleben, jetzt aber war es eine unvorbereitet zugemutete Aufgabe: diese junge schwangere Frau, der die Freunde in der Nacht vom 2. zum 3. Juni die Nachricht gebracht hatten, daß ihr Mann erschossen, ihre Studentenehe zu Ende sei. In ihrem Gesicht stritten tapfere Gefaßtheit mit verständnislosem Rätseln über das Unfaßliche. Seither verbindet uns enge Freundschaft; Benno dagegen – er hatte einmal eine meiner Lehrveranstaltungen besucht – war mir kaum bekannt gewesen. Daß das, was Polizei und Presse zunächst über die Umstände seines Todes verbreiteten, gelogen war, war seinen Freunden von vornherein klar. Die offizielle Propaganda brauchte den mit dem Messer auf Polizisten losgehenden Studenten. Benno war das Gegenteil davon. Sein ernsthaftes Studieren, die Gewissenhaftigkeit der Urteilsbildung, die Offenheit seines politischen und weltanschaulichen Suchens und das staatsbürgerliche Verantwortungsbewußtsein, mit dem er, der Unorganisierte, sich entschloß, an der Demonstration gegen den Schah-Besuch teilzunehmen, – das kennzeichnete nicht nur ihn, sondern jene vielen Studenten, die in diesen Jahren lieber studiert als demonstriert hätten, denen es aber unerträglich wurde, Hochschule und Gesellschaft passiv hinzunehmen, wie sie nun einmal sind. So wurde der unbekannte Benno Ohnesorg durch seinen Tod mit Recht der deutsche Student, in dem eine ganze Studentengeneration sich wiedererkannte.

Nach einigen Reden im Auditorium Maximum der Freien Universität wurde am 7. Juni der Sarg zur Grenze der DDR gebracht. 20 000 Berliner Studenten und einige Professoren begleiteten ihn. Ich hielt von einem LKW aus durchs Megaphon die nachstehende Ansprache. Dann wurde der Sarg auf ein Auto verladen; ein Konvoi von über hundert studentischen Wagen begleitete ihn – der erste Konvoi seit 1945, der unkontrolliert das Gebiet der DDR durchfahren durfte. Als ich am nächsten Tage im Zuge der 30 000, die aus Anlaß des Begräbnisses nach Hannover gekommen waren, mitging, wußte ich, daß der Funke der Berliner Unruhe nun endlich nach Westdeutschland übergesprungen war.

Benno Ohnesorg ist durch seinen Tod zu einem Repräsentanten der großen, tiefgreifenden Bewegung geworden, die heute die deutschen Studenten – nicht nur hier in Berlin – erfaßt hat und die von der älteren Generation und bei den politischen und akademischen Behörden noch kaum begriffen wird. Benno Ohnesorg ist aber nicht zufällig zu dieser Bedeutung gekommen, also nicht nur durch die zufällige Tatsache, daß er bei einer von Studenten getragenen Demonstration ums Leben gekommen ist. Gewiß, er war nicht engagierter Angehöriger einer unserer Hochschulgruppen, nicht militanter Sprecher irgendeiner studentischen Richtung, nicht Anhänger einer »extremistischen Gruppe«, wie die Zeitungen es nennen, – wobei daran zu erinnern ist, daß in einer freiheitlichen Demokratie extreme Positionen das gleiche Recht haben wie gemäßigte.
Benno Ohnesorg kam aber auch nicht als bloßer Mitläufer oder als neugieriger Passant ums Leben. Er gehörte zu den vielen Studenten, die zwar sich nicht rasch festlegen, aber doch nicht neutral und nicht unpolitisch sind. Die Studentenehe von Christa und Benno Ohnesorg, die so jäh abgerissen worden ist, war – wie viele andere Studentenehen – eine Gemeinschaft des lebendigen Austauschs. Das Glück der persönlichen Beziehung war verbunden mit wacher Anteilnahme an den öffentlichen Fragen der Hochschule und der Gesellschaft. Darum beteiligten sie sich an den Demonstrationen vor einer Woche. Daß die Bewegung der Unruhe, des Protestes gegen autoritäre Tendenzen, des Aufbruchs zur Verwirklichung von Demokratie nun auch diesen zurückhaltenden Teil der Studentenschaft, zu dem Benno Ohne-

sorg gehörte, ergriffen hat, ist ein Zeichen, wie tief sie geht, wie notwendig sie ist, wie ernst sie endlich von allen anderen genommen werden sollte. Darum ist es nicht zufällig, sondern der Wirklichkeit entsprechend, daß die liebenswerte und lautere Gestalt Benno Ohnesorg personifiziert, worum es studentischer Jugend im heutigen Deutschland geht.

Deshalb genügt es nicht, daß die offiziellen Repräsentanten einem tragischen Todesfall ihre Reverenz erweisen. Sie können nicht mehr so weitermachen wie bisher, wenn nicht noch mehr junges Leben auf verschiedene Weise zerbrochen werden soll. Sie sollen sich nicht überlegen, wie man die Stimme der Studenten ersticken und die Unruhe in Ruhe verwandeln kann, sondern welche Konsequenzen diese Unruhe der besseren Teile unserer Studentenschaft für sie selbst haben muß. Ein Tod versöhnt nicht, und man sollte nicht so tun, als ob er automatisch versöhne. Auch nach dieser Beerdigung sind die Gegensätze offen. Aber ein Tod verpflichtet zur Versöhnung, d. h. zum Abbau aller Vorurteile und zum sachlichen Gespräch über die Trennung hinweg, mit dem Ziele friedlichen Zusammenwirkens.

Der Todesmonat von Benno Ohnesorg ist auch der Todesmonat für viele junge Vietnamesen, Amerikaner, Israelis und Araber gewesen. Benno Ohnesorgs Leidenschaft galt dem Frieden. Er war mehr darauf aus, andern zu helfen, als andere zu bekämpfen. Als er sich dort von seiner Frau an der Straßenecke in der Schillerstraße trennte und hinüber zur Krummen Straße ging und dann in jenen Garagenhof geriet, war es vielleicht sein Impuls, einem Mißhandelten zu helfen, der ihn sein Leben kostete. Die Mahnung, dem menschlichen Leben zu dienen, wollen wir als seine letzte Botschaft an uns vernehmen. Als ein Mann des Friedens hätte er sich auch gefreut, wenn er gehört hätte, daß aus Anlaß dieser Überführung die DDR-Regierung eine freundliche Geste gemacht hat und auf Kontrolle und Autobahngebühr für diesen Sarg und seinen Konvoi verzichtet hat. Nehmt diesen ersten unkontrollierten Konvoi seit Kriegsende als Zeichen

der Verheißung für ein künftiges friedliches Deutschland und friedliches Mitteleuropa, in dem man wieder ungehindert durch Autobahngebühren, Stacheldrähte und Mauern frei hin- und herfahren kann!
Jeder von euch, die am Freitagabend bei der Demonstration dabei waren, könnte jetzt in diesem Sarge liegen. Jedem von uns kann eines Tages das gleiche geschehen, solange Polizei wie bisher belehrt und ausgebildet wird. Aber auch, wenn das endlich gebessert wird, – irgendein Sterben steht jedem von uns sterblichen Menschen bevor und kann in jeder Stunde uns ereilen. Jeder Tag kann uns vor die große Frage stellen, ob es sich lohnt, wofür wir gelebt haben, wohin wir gehen, wer die Schuld uns vergibt und wer das Unerfüllte erfüllt.
Benno Ohnesorg war ein sehr wahrhaftig fragender Mensch, wie viele von euch. Er hat die christliche Botschaft immer wieder gehört und um ihr Verständnis gerungen. Weil es so steht, daß uns Menschen mehr zugedacht ist als kurzes Glück und rascher Tod, weil wir hören, daß uns für Zeit und Ewigkeit göttlicher Segen zugedacht ist, darum sei jetzt für ihn und für uns alle der alte Vers gesprochen:

Unsern Ausgang segne Gott,
Unsern Eingang gleichermaßen.
Segne unser täglich Brot,
Segne unser Tun und Lassen.
Segne uns mit selgem Sterben
Und mach uns zu Lebenserben.

ANTONIE MEINECKE

1875 –1971

Dahlem freute sich, wenn die alte Dame mit vorsichtigen Schritten ihre Spaziergänge machte: letzte Zeugin einer in ihrer Weise großen Vergangenheit des akademischen Lebens der einstigen Weltstadt Berlin, für das das Haus Friedrich Meineckes (1862–1954), des letzten großen Vertreters der preußisch-deutschen Historikerschule, eines der Mittelpunkte gewesen war. Ihre selbstverständliche Frömmigkeit und ihre den Menschen zugewandte Heiterkeit ließen uns erfahren, wie hohes Alter der Umwelt zum Segen werden kann. Am 2. Februar 1971 ging sie, wohl vorbereitet und sich danach sehnend, hinüber.

»Haltet mich nicht auf! Denn der Herr hat Gnade zu meiner Reise gegeben. Laßt mich, daß ich zu meinem Herrn ziehe!« (1. Mose 24,56, übersetzt von M. Luther)

»Haltet mich nimmer auf!
ER hat meinen Weg glücken lassen.
Entsendet mich, daß ich zu meinem Herrn gehe!«
(übersetzt von M. Buber)

Zu dieser Lebensreise ist Gnade gegeben worden – das ist wohl der Haupteindruck, den wir alle haben, die wir etwas von Antonie Meinecke wissen. Was wir mit ihr haben erleben dürfen, bis zu ihrem letzten Atemzug, das ist etwas Seltenes, und das macht, daß für uns alle – für Sie, die vier Töchter, wie für uns andere, die wir uns irgendwie zu den Freunden Ihres Hauses rechnen dürfen – dieser Tag des Abschieds bei aller Trauer doch nicht ein schwarzer Trauertag sein kann. Ihr letztes Krankheits- und Sterbelager war eines von denen, die mit Licht umgeben zu sein scheinen, von denen der Besucher erfreut und bereichert, mit Dank und Fröhlichkeit weggeht. Ein reiches Leben hat in Übereinstimmung mit sich selbst so zu seinem irdischen Ende kommen dürfen, daß die Trauer verdrängt wird von der Dankbarkeit dafür, daß wir das miterleben durften.
Damit geht etwas von ihrer Dankbarkeit auf uns über; denn daß sie ein so dankbarer, ein so ganz uneitler, ein so wahrhaft demütiger Mensch gewesen ist, das hat die vielen Gaben, mit denen sie ausgestattet war, uns anderen erst ganz zur Wohltat gemacht. In ihrem hohen Alter war sie nur besorgt gewesen, anderen nicht zur Last zu sein, hat jede Handreichung, jede Freundlichkeit wie ein unverdientes Geschenk entgegengenommen und offenbar nie eine Ahnung davon gehabt, wie sehr jede Freundlichkeit, die man ihr erwies, selbst wieder ein Dank ist für ihr Wesen, für das Glück, mit ihr zusammen sein zu können, für die Heiterkeit, Harmonie und Gütigkeit, die von ihr ausging.

Auch ihre Frömmigkeit, ihr Gottesverhältnis läßt sich ganz in dem Worte Dankbarkeit zusammenfassen. Wenn sie mit Gott sprach, überwog die Danksagung alles andere. Die Gnade zu ihrer Lebensreise nahm sie nicht als etwas Selbstverständliches hin, weder als etwas durch eigene Kraft und Vorzüglichkeit Erworbenes und Verdientes noch als bloße Glücksgunst eines blinden Schicksals. Die glückliche Kindheit, von Elternliebe erfüllt, das lange Leben an der Seite des geliebten Mannes, die reiche Geselligkeit im berühmten Professorenhause, die Freude an den Kindern und die Liebe eines großen Freundeskreises, die leibliche Gesundheit und die Ausgeglichenheit und Fröhlichkeit des Gemüts – *alles* ist Gnade – das war ihr tief bewußt. So war ihr Christsein ein Dankesverhältnis zu dem Gott, dessen Liebezuwendung zu uns Menschen uns das Evangelium verkündigt, und aus diesem Dankesverhältnis erwuchs ihre Heiterkeit, Bescheidenheit und Güte zu allen Menschen, wovon wir alle viele Geschichten erzählen können. Das trug sie durch alle schweren Erlebnisse hindurch, die ihr so wenig erspart blieben wie irgendeinem anderen, auch durch die langen Jahre des Alters, die 15 Jahre des Alleingehens nach dem Abschied vom geliebten Manne.

Zur Gnade für diese Lebensreise gehört, daß es ein äußerlich und innerlich so geschütztes Leben hat sein dürfen. In glücklicher Ehe mit einem weit verehrten Manne, in den Katastrophen unseres Jahrhunderts vor schlimmen Schädigungen bewahrt, leiblich und seelisch beneidenswert gesund. Als ich ihr zum 90. Geburtstag einen Band meiner Predigten gab, sagte sie mir: »Die brauch ich jetzt noch nicht. Wenn ich einmal so alt sein werde, daß ich nicht mehr in die Kirche gehen kann, dann werde ich mich wohl an gedruckte Predigten halten müssen; aber vorerst habe ich das – Gott sei Dank! – noch nicht nötig.«

Ja, das Wort »beneidenswert« mag uns in den Sinn kommen. Aber sie selbst hat das Ihrige getan, damit solches Bevorzugtsein nicht den Neid derer, die schlechter dran sind, erwecke. Es war nicht gespielt, sondern echter Ausdruck ihres innersten Empfindens, wenn sie eingestand, sie wisse, wie gut sie es habe; sie nahm das nicht wie etwas, worauf sie Anspruch hätte, darum auch nicht als etwas, was sie sich mit aller Anstrengung sichern müßte. Sie nahm es dankbar, in einem gelassenen Vertrauen auf den Vater unseres Lebens. Weil sie ihm vertraute, konnte sie so dankbar sein; weil sie so dankbar war, konnte sie vertrauen und vertrauend ihr Leben in Gottes Hand legen. Daß sie in Dankbarkeit existierte, machte uns dankbar für ihre Existenz.

Sie würde das alles nicht hören wollen. Gegenstand einer Rede zu sein, hätte ihrem Humor wahrscheinlich Vergnügen gemacht; aber Gegenstand einer Lobrede zu sein, hätte ihr sicher Unbehagen bereitet. Wir handeln aber nicht gegen ihren Sinn, sondern genau in ihrem Sinne, wenn wir den Dank für alles, was wir von ihr empfangen haben, verlängern zum Dank an Ihn, an den göttlichen Geber, von dem sie empfangen hat, was sie war, was aus ihr wurde, und was wir dann von ihr empfangen haben: die Gnade zu ihrer Lebensreise.

Erlaubt mir noch ein Wort dazu, daß ich vorhin Dankbarkeit den Grundzug ihres Gottesverhältnisses genannt habe. Sie hat in ihrem Christsein manche Wandlungen in ihrem Leben durchgemacht: aus einem kirchlich-gläubigen Elternhause kam sie durch ihre Heirat in die liberal-idealistische Geistigkeit eines deutschen Gelehrtenlebens. So war es wohl verständlich, daß sie 1939 einmal, nach Unterzeichnung der Roten Karte der Bekennenden Kirche, zu Martin Niemöller kam und ihm sagte, sie habe kein gutes Gewissen dabei; denn da stünde als Inhalt des christlichen Glaubens viel mehr drin, als sie mit ihrem schwachen Glauben und mit ihren Zweifeln am Dogma vertreten könne. Niemöller hat ihr dann in seiner Weite und Demut geantwortet, was da drin stehe, sei für uns alle zu hoch, und darum solle sie nicht fragen, ob sie das glauben könne, sondern ob sie wünsche, daß wir diese Dinge weiter zu hören bekommen. Das hat sie verstanden und angenommen, und wenn sie einige Jahre darauf mit ihrem Manne dann doch die Rote Karte zurückgab, wollten sie sich damit keineswegs von uns desolidarisieren, sondern nur aus Wahrhaftigkeit klarstellen, daß sie sich nicht in der Lage sähen, sich mit unserer strengen, von Barth und Barmen bestimmten Theologie zu identifizieren. Diese Theologie hat uns in jenen Jahren Kraft und Mut zum Widerstand gegeben, aber die Gemeinschaft in Jesus Christus ist weiter als jede Theologie, und dafür waren uns Menschen mit einem so undogmatischen, aber so echten Christentum ein wichtiges Zeichen.

Unser Textwort lenkt unseren Blick aber nicht nur auf die jetzt am Tage nach dem 96. Geburtstag abgeschlossene Lebensreise. »Haltet mich nicht auf«, heißt es hier, »laßt mich, daß ich zu meinem Herrn ziehe«.

Als Friedrich Meinecke sich dieses Wort für die Ansprache bei seiner Beerdigung im Jahre 1954 wählte, hat er, der Historiker, wohl gewußt, daß es im biblischen Zusammenhang eine viel alltäglichere, ja banalere Bedeutung hat. Mit diesen Worten bittet Elieser, der Großknecht des Abraham, nach erfolgreicher Brautwerbung um Rebekka für Abrahams Sohn Isaak die Familie der Rebekka, ihn mit der Braut unverzüglich zu seinem Herrn Abraham zurückkehren zu lassen. Meinecke aber kannte auch die eigenartige Symbolkraft biblischer Worte: über ihren unmittelbaren historischen Anlaß hinaus haben sie noch einen größeren Horizont, können darum auf ganz andere Lebenssituationen übertragen werden und weisen auf die letzten Dimensionen unseres Lebens. Was damals einen alltäglichen Aufbruch meinte zu einem irdischen Herrn, deutet uns nun, unter dem Lichte des Evangeliums, das Sterben als Aufbruch und Weiterziehen zu neuem Leben beim Gnadengebenden Herrn unseres Lebens.

Was unsere Augen sehen, was Naturwissenschaft uns als Sterben definiert, das sollen wir nicht als das Ganze und als das Letzte ansehen. Wo Tod als Ende der Reise erscheint, da befiehlt uns das aus der Auferstehung Jesu Christi herkommende Evangelium, über den Tod hinauszusehen: Es geht weiter. Es geht durchs Grab hindurch ins Leben. Es geht vorwärts und aufwärts. Zur Gnade, die der Herr zur Lebensreise von Antonie Meinecke gegeben hat, gehört auch, daß sie, wie die Schrift von Abraham sagt, »alt und lebenssatt« hat sterben dürfen, in den letzten Jahren bei aller unverminderter heiteren Lebensgegenwart nach dem Ende sich sehnend, und daß sie hinüberschauen durfte ins Licht und ins Leben, in den letzten Tagen noch mit der sie strahlen machenden Vision eines Schiffes, das sie in lichte Weiten trägt: »begeistert, begeistert, begeistert« sagte sie dreimal, uns vorangehend und vorandeutend, damit auch wir dorthin schauen, wo der Tod verschlungen ist in den Sieg.

CHARLOTTE VON KIRSCHBAUM

1899 – 1975

1925 lernte »Lollo«, Tochter eines bayrischen Generals, Krankenschwester und Glied eines Kreises um den Münchener Studentenpfarrer Georg Merz, Karl Barth kennen. 1929 wurde sie seine Sekretärin und lebte im Kreise seiner Familie. Die Mitarbeit dieser außerordentlichen Frau ist aus dem Leben und Werk Karl Barths nicht wegzudenken. Sie hielt nahen Kontakt zu seinen Studenten, war briefliche Mittlerin und Interpretin zu den Freunden und Hilfesuchenden, arbeitete als Vertreterin der Bekennenden Kirche im Schweizerischen »Nationalkomitee Freies Deutschland« und war die tägliche Zuarbeiterin für Barths theologische Arbeit. 1962 zeigten sich erste Symptome einer vorzeitigen Abnahme der Gehirnfunktionen. Seit 1966 lag sie in einer psychiatrischen Klinik, immer weniger mit der Außenwelt verbunden. Sie schlief am 24. Juli 1975 ein, sechseinhalb Jahre nach dem Tode Karl Barths.

»Unser Herr Jesus Christus ist gestorben für uns, damit, ob wir wachen oder schlafen, wir zusammen mit Ihm leben sollen« (1. Thess. 5,10).

Jetzt ist sie unseren Blicken ganz entschwunden. Es war ein langes, langsames Weggehen, beginnend vor etwa zwölf Jahren, als wir merken mußten, daß sie nicht mehr ganz bei uns war, und daß ihr leibliches Dasein immer weniger ihrem Geiste, diesem wachen, reichen Geiste, zur Verfügung stand, und dann die langen Jahre in der Pflegeanstalt, immer mehr Jahre des Schlafens, immer weiter sich entfernend, bis sie nun ganz von uns gegangen ist. In unseren Gesprächen, die ihr so oft gegolten haben, drückten wir häufig unsere Erschütterung, unsere Trauer, unser Mitleid mit ihrem Zustande aus; aber unsere Worte entsprachen oft nur wenig dem, was mit ihr geschah, waren vielleicht auch etwas egoistisch, weil wir gerne noch die Anregung ihres Geistes unter uns gehabt hätten, weil wir um unsertwillen sie in ihren früheren Zustand zurückwünschten; wir sahen nur die Entstellung und zu wenig, daß dies die Weise ihres Weggehens von uns war. Wir sind kürzeres Weggehen gewohnt – so rasches und schmerzloses vielleicht, wie es Karl Barth geschenkt worden ist, oder auch längeres und schmerzhafteres; aber ungewohnt ist uns dieses langdauernde Sichentfernen, das für sie selbst doch, Gott sei Dank, weniger schmerzvoll war als für uns, die wir ihr nachtrauerten. Ihre Güte und Dankbarkeit wurde nun noch unverdeckter sichtbar als in den Zeiten ihres frischen Lebens, und wenn sie auf Gebete und Choräle halberwachend antwortete, dann konnte uns das ein Zeichen sein für die Wahrheit dieses Apostelwortes, das Ihr für die Nachricht von ihrem Heimgang gewählt habt, dafür nämlich, daß wir, ob wir wachen oder schlafen, mit Ihm zusammen leben dürfen. Dem, was dieses Zeichen und dieses Wort sagt, hat sie gedient, das hat sie erweckt in jungen Jahren, das hat sie mit uns vereinigt, und dem wollen wir, ihr nachblikkend, nachdenken.

Ein Sterben ist geschehen, damit wir leben. Ein Tod hat Leben und Zukunft gezeugt. Von keinem anderen Tode können wir das sagen. Unser Leben kann, wenn es dazu gesegnet wird, dem Leben und der Zukunft anderer dienen, aber unser Sterben macht dem ein Ende. Aus unserem Leben erwächst Leben, aber vom Tode begrenzt. Aus dem Sterben unseres Herrn Jesus Christus erwächst Leben, vom Tode nicht begrenzt. Das war die Auferstehungserkenntnis, deren Erzählung durch Paulus in der Todeswelt von Thessalonich neues Leben entstehen ließ, neues Glauben, neue Fähigkeit zur Liebe und Gemeinschaft, neues Hoffen gegen alle Hoffnungslosigkeit, damals und seither immer wieder und an vielen Orten bis zu uns, die wir jetzt hier versammelt sind. Wir haben ein herrliches, konzentriertes, aus Staunen kommendes und Staunen erregendes Nachdenken über diese Erzählung vom Tode unseres Herrn Jesus Christus, durch den wir leben sollen, miterleben und mitmachen dürfen in der durch die Namen von Karl Barth und Eduard Thurneysen gekennzeichneten theologischen Bewegung, in deren Geschichte auch der Name Charlotte von Kirschbaum eingezeichnet ist.

Daß aus diesem Tode Leben, und zwar Leben für uns alle, schlechthin für alle, hervorgehen soll, das ist einzigartiges und unausdenkbares Geheimnis – aber nicht eines, das uns denkfaul machen will. Zum wachen menschlichen Leben gehört das Denken; deshalb ist dieses Geheimnis eine Herausforderung an unser Denken. Es will auch denkend angebetet sein. Als Lollo bei Karl Barth auf ein Denken stieß, das ganz von diesem Geheimnis in Anspruch genommen war, da war sie gefesselt davon und wollte dabei sein und hat ihren wichtigen Beitrag geleistet zu einer Denkarbeit, die dem Leben erweckenden Weitererzählen dieses Sterbens unseres Herrn Jesus Christus dienen kann.

Ein Sterben ist geschehen, damit wir leben. Ein Sterben, ein grausam reales Sterben war nötig, damit wir leben. Viel tiefer sind wir in die Todeswelt verstrickt, als wir es ahnen. Ein

Leben muß sich hingeben ins Sterben, das Leben aller Leben muß sich für uns opfern, damit wir aus der Todesverstrikkung herauskommen, anfänglich wenigstens hier auf Erden und mit Hoffnung auf die ganze Freiheit, die noch vor uns liegt. Wie das neue Leben bei uns noch im Kampfe liegt mit der Todesverstrickung, das ist erfahren worden in dem Schicksal, das Lollo in den Kreis von Karl Barth geführt hat – Schicksal jetzt nicht im heidnischen, sondern im christlichen Verständnis dieses Wortes: eine Schickung, die von allen bestanden werden mußte, die von ihr betroffen waren – eine Schickung, in der Glück und Schmerz und Aufgaben, oft allzu schwere Aufgaben, zugeteilt wurden – eine Schikkung, der keiner sich entziehen konnte und durfte, der in Verantwortung gehorsam zu sein jeder von Euch in seiner Weise versuchte, und unter der es ohne gegenseitige Verletzung und Schuld nicht abging – Schuld, die uns alle erfahren ließ, daß das Leben aus dem Tode unseres Herrn Jesus Christus als Vergebung zu uns kommt. Unter der Vergebung für diese Schickung zu danken, das war Euch, den Nächstbeteiligten, zugemutet. Das habt Ihr auch immer wieder lernen dürfen, und auch diese letzten zehn Jahre, in denen Lollo zurücktreten mußte, waren eine Hilfe zu diesem Lernen.

Auch dies gehört in das Geheimnis des Wortes »Schlafen« hinein, das der Apostel hier mit großer Absicht gebraucht. Ganz einseitig vom Wachen hat er in den vorhergehenden Versen dieses Briefes gesprochen: »Ihr alle seid Söhne des Lichtes und Söhne des Tages; wir gehören nicht der Nacht und der Finsternis. Darum laßt uns nicht schlafen wie die andern, sondern wachen und nüchtern sein« (V. 5 f). Es ist mir unvergeßlich, wie Karl Barth mir nach einer Predigt, die ich im Basler Münster über diesen Abschnitt zu halten hatte, sagte: »Das ist das erste, was wir von Paulus in diesem seinem frühesten Brief hören und unabgeschwächt festhalten müssen: Der Tag ist schon da! Von daher können wir leben und das sollen wir leben.« Daß aus einer schläfrigen, ja schlafenden Christenheit eine wach und tätig ihrem Herren zur Verfügung stehende Schar werde, dem hat er mit seiner theologischen Arbeit dienen wollen. Aber es gibt ein Schlafen, das nicht aus unserer Faulheit stammt, sondern das uns der Herr selber schickt, und auch dieses Schlafen als eine gnädige Schickung anzunehmen, wird uns möglich durch diese Zusage: auch im Schlafen dürfen wir mit Ihm zusammen leben. Er will nicht nur unsere Tätigkeit; auch unser Untätig-sein-Müssen dürfen wir Ihm »aufopfern«, wie unsere katholischen Mitchristen schön sagen; auch unser Schlafen ist Leben mit Ihm. Auch in diesem jahrelangen Schlafen lebte Lollo mit Ihm zusammen, und auch ihr und unser Todesschlaf ist Leben mit Ihm. »Sie ist nicht gestorben, sondern sie schläft«, sagt Jesus von der Tochter des Jairus gegen all unser Besserwissen: »Sie verlachten ihn, weil sie wußten, daß sie gestorben war« (Luk. 8,52 f). Lollos jahrelanges Sterben, ihr schlafendes Sich-Entfernen von uns verliert alles Bedrückende, wenn wir aus ihm diese Botschaft hören: »Ob wir wachen oder schlafen, wir leben mit Ihm zusammen«, und wir werden das alle bestätigen, wenn sich uns die Verheißung Seines Todes und Seiner Auferstehung im Schauen bestätigt: »Wenn ich aufwache, bin ich noch bei dir« (Ps. 139,18).

WILHELM WEISCHEDEL

1905 – 1975

Der bedeutendste Vertreter des Faches Philosophie seit Bestehen der Freien Universität in Berlin hatte nicht als Philosoph, sondern als Theologe begonnen. In Marburg absolvierte er ein volles Theologiestudium, bevor er sich der Philosophie zuwandte. Das Erlebnis der theologisch-philosophischen Diskussion im Marburg der Zwanziger Jahre, geführt vor allem durch Rudolf Bultmann und Martin Heidegger, ebenso wie die Auseinandersetzung mit dem Glauben seines Elternhauses – sein Vater war freikirchlicher Prediger strenger Observanz gewesen – hat zeitlebens seine Bemühung um eine »Philosophische Theologie« bestimmt. Das große Werk »Der Gott der Philosophen« (zwei Bände, Darmstadt 1971) war der Ertrag, den er noch abschließen konnte; eine daran sich anschließende »Skeptische Ethik« (Frankfurt 1976) wurde von ihm noch fertiggestellt, konnte aber erst posthum erscheinen. Seit meiner Berufung an die Freie Universität im Jahre 1957, die sein Wunsch gewesen war, verbanden uns persönliche Freundschaft und ein nicht abreißendes Gespräch über das Verhältnis von Philosophie und Theologie, das seinen wichtigsten Niederschlag im Wintersemester 1963/64 durch eine große gemeinsame Vorlesung über »Denken und Glauben« (veröffentlicht Stuttgart 1965) gefunden hat. Auch in politischen und hochschulpolitischen Fragen trafen wir uns in den bewegten sechziger Jahren oft auf gemeinsamer Linie. An Weischedels siebzigstem Geburtstag, am 11. April 1975, konnte ihm noch die Festschrift »Denken im Schatten des Nihilismus« (Berlin 1975) überreicht werden. Eine Woche danach brach die Krebskrankheit aus, an der er am 20. August 1975 starb.

Liebe Katharina Weischedel, liebe Kinder, Enkel und Freunde von Wilhelm Weischedel!
Die Gemeinschaft unseres irdischen Lebens mit Wilhelm Weischedel ist zu Ende. Die vielen Beziehungen der Freundschaft und des geistigen Austauschs, in denen dieser trotz seiner Einsamkeiten so gütige, offene und gesprächsbereite Mann gelebt hat, sind zu Ende, und es ist uns leid, daß wir sie nicht mehr fortsetzen können, und daß wir sie nicht noch mehr genutzt haben. Eure Familiengemeinschaft mit ihm ist zu Ende, und zu Ende ist die engste Lebensgemeinschaft dieser vielen Jahre, in denen ihr beide aneinander festgehalten habt und einander der nächste Partner gewesen seid. Was er gedacht und geschrieben hat, das hast du, liebe Katharina, ständig mitbedacht in kritischer Anteilnahme. Dieses tägliche Gespräch ist nun zu Ende. Seit vier Monaten wußten wir, daß es zu Ende ist, und konnten uns vorbereiten auf den heutigen Tag des Abschieds. Für Philosophie und Theologie ist die Endlichkeit unseres Daseins ein zentrales Thema, und wir könnten uns zum Abschied vorlesen, was wir darüber zu sagen gewagt haben. Wir sind gut beraten, wenn wir das nicht tun, sondern statt dessen zu uns sprechen lassen Worte, die aus größerer Nähe zur Grenze unseres Daseins stammen als diejenigen Worte, die wir an unserem Arbeitsort, am Schreibtisch, hervorbringen können. Wir hören aus der Reihe der Bibelworte, die Wilhelm Weischedel wichtig gewesen sind, den Vers 20 des 71. Psalms:

»Du lässest mich erfahren viele und große Angst und machst mich wieder lebendig und holst mich wieder herauf aus den Tiefen der Erde.«

Wir würden Weischedels Philosophieren nicht genügend erfassen, wenn wir übersähen, daß es eine nicht kleine Reihe von biblischen Worten gibt, die ihm zeitlebens nahe gewesen und geblieben sind. Er hat mit allem Ernst darum gerungen, alles in das strenge philosophische Denken einzubeziehen und die Einheit von Leben und Denken gerade als Philosoph zu wahren. Dem entsprach sein doppelter Vorsatz: mit Grunderfahrungen unseres Lebens denkend ernst zu machen und zugleich sich als Philosoph keine Glaubensvoraussetzung zu gestatten, sondern streng innerhalb der Grenzen der bloßen Vernunft zu bleiben. Dies ergab ihm eine Auslegung unserer Existenz, die merkwürdig parallel zu dem Wort des Pslamisten verläuft: In der Schwebe befinden wir uns zwischen Nicht-Sein und Sein, teilnehmend an *»vieler und großer Angst«* wegen unseres unsicheren Schwebens über dem Abgrund des Nicht-Seins *und* teilnehmend an der Freude des Seins, an der Freude des Lebens, die uns immer wieder den drohenden Abgrund vergessen läßt. Was uns in dieses Schweben bringt, darauf deutet Philosophie mit dem Worte »Gott«, und darin berühren sich der Philosoph und der Psalmist: ihnen beiden weist das Wort »Gott« auf das Von-Woher sowohl der Erfahrung der »vielen und großen Angst« wie auch der Erfahrung des Leben-Dürfens über dem Abgrund der Tiefe.

Wenn wir sterben, ist das Schweben zu Ende; das Nicht-Sein hat in unserem Fall über das Sein gesiegt; der Grund, der uns ins Leben hervorgehen ließ, hat uns in seinen Abgrund zurückgeholt. Ob sich darüber hinaus philosophisch noch mehr sagen läßt, ob wir, ohne vernünftiges, sich allein auf sich selbst verlassendes Denken zu überschreiten, sprechen können von unserem Aufbewahrt-Sein auch beim Versinken ins Nicht-Sein, das war die Frage, die Weischedel bewegte, als er den »Gott der Philosophen« abgeschlossen hatte und dessen letzte Andeutungen durch neues Bedenken der ihm immer lieben Auskünfte der Mystiker weiterzuführen versuchte.

So hatte sein Denken einen doppelten Impuls: Es ging ihm um ein redliches Philosophieren, das sich nicht durch Hoffnungen verführen läßt, mehr zu sagen, als es verantworten kann – und zugleich war es doch eine offene Frage nach dem, was wir hoffen dürfen, und darin ein Protest gegen den Sieg des Nicht-Seins als dem letzten Wort der Wahrheit.

Noch in seiner Unzufriedenheit mit heutigem philosophischem Betrieb, in dem die Frage nach dem letzten Wort der Wahrheit häufig ausgeklammert wird, lag die Hoffnung, diese Wahrheitsfrage möchte eine sich lohnende, eine zu einem letzten Ja, nicht zu einem letzten Nein führende Frage sein.

Dieser doppelte Impuls aber der Redlichkeit und der Hoffnung mag ihm auch von daher gekommen sein, daß er sein Leben lang unabhängig von seiner philosophischen Bemühung Worte wie dieses Pslamwort gehört hat als Zurufe eines Glaubens, der neue Erfahrungen schafft, der sich aber nicht philosophisch bewahrheiten läßt. Diese Worte hat er von Jugend auf gehört; er hat sich von einem damit verbundenen Zwang frei gemacht, die Worte des Glaubens aber nie mißachtet. Noch in der Abgrenzung von ihnen zeigte sich, daß sie ihn nie losgelassen haben – ebenso im Gespräch darüber, das er immer wieder suchte – ebenso im morgendlichen Hören von Bach-Kantaten – ebenso im Hören von Versen aus Gesangbuch und Bibel während seines Krankenlagers. Er erlaubte sich als Philosoph nicht, Christ zu sein, und wir respektieren das nicht nur, sondern wir nehmen seinen philosophischen Einspruch gegen den Glauben ernst auch als einen Dienst redlicher Philosophie am Selbstverständnis des Glaubens. Dem widerspricht nicht, daß wir, mit seinem Einverständnis jetzt seiner gedenkend und für sein Leben, auch in seinem Namen, dankend, uns um Worte des Glaubens sammeln. Denn sie waren ihm selbst wichtig, und er wollte sie nicht missen, auch wenn er sie nicht als Lebender, sondern nur als Sterbender mitsprechen konnte. Philosophie ist eine Denkarbeit der Lebenden; sie hat er redlich getan. Sterben ist eine andere Arbeit, für sie werden wir frei, indem die Lebensarbeit uns abgenommen wird. Im Sterben tritt zurück, was das Denken als Aufgabe erfaßte; im Sterben können wir nur noch hören.

Die Erfahrung, die der Psalmist berichtet, tut uns im Sterben Hoffnung auf. Nur im ersten Anschein geht sie parallel der

Erfahrung, die philosophisch als Schweben gedeutet wird, in Wirklichkeit geht sie umgekehrt. Im Denken sehen wir uns aus dem Grunde hervorgehen und auf den Abgrund zugehen. In der Glaubenserfahrung sehen wir uns aus dem Abgrund herausgeholt und auf festen Grund gestellt. »Du übergibst mich nicht in die Hände meiner Feinde, du stellst meine Füße auf weiten Raum«, sagt ein anderes, ähnliches Psalmwort (Ps. 31,9). Rückschauend ist das ein Wort des Dankes, vorschauend ein Wort der Hoffnung. Es ist hier keiner unter uns, der nicht ein aus Abgründen herausgeholter Mensch wäre – ob es nun erkannte oder nicht erkannte Abgründe waren. Einige von uns waren in Lebensgefahr und durften weiterleben. Einige haben, wie auch Wilhelm Weischedel, tiefe Depressionen kennengelernt und durften dann wieder freie Zeiten des Lachens und Arbeitens erleben. Der Abgrund unseres Egoismus bedroht uns mehr, als wir meist wissen, und wir werden vor ihm bewahrt durch hilfreiche Freundschaft und durch die Aufgaben der Gemeinschaft. Unser Volk war in einen schrecklichen Abgrund geraten, den Weischedel klar erkannt hat, und wurde durch Blut und Feuer hindurch aus ihm herausgeführt. Sehen wir unser Leben jetzt schon, wie wir es einmal im Lichte sehen werden, dann wird unser Dank für Rettung vor Abgründen und aus Abgründen ohne Ende sein.

Einige von uns haben den Abgrund und die Angst, die Sterben heißt, schon aus der Nähe kennengelernt; die meisten von uns haben ihn noch unbekannt vor sich. Als ich Wilhelm Weischedel wenige Tage vor seinem letzten Atemzug sah, war sein schmal gewordenes Gesicht von diesem letzten Abgrund gezeichnet. Zugleich hatte es den unvergeßlichen Ausdruck einer schon entrückten Überlegenheit; schon kündigte sich an, daß er den Abgrund bald hinter sich haben werde; schon geschah an ihm das Herausgeholtwerden aus vieler und großer Angst.

Aber wohin führt uns dieses Herausholen? Wir wissen es von uns aus nicht. Von uns aus sehen wir nur den Abgrund des Nicht-Seins, und unser Denken kann ihn nicht übersteigen. Die Grenzen der bloßen Vernunft sind identisch mit der Todesgrenze. Auf sie zugehend hören wir aber jetzt die Einladung, die Befreiungserfahrungen innerhalb unseres Lebens gelten zu lassen als Verheißungen über die Todesgrenze hinaus. Zu Verheißungen werden sie, wenn wir jede Errettung innerhalb unseres Lebens erkennen nicht als Zufall, als Glück des Schicksals, sondern als an uns geschehende Tat, als die treue Tat eines Freundes, der uns umgibt, uns im Auge hat und uns zum Ziel helfen will – sicher eines verborgenen Freundes, aber eines Freundes, der sich hören läßt und dadurch unsere Hoffnung erweckt und unsere Kräfte stärkt, auch wenn er uns durch schauerliche Dunkelheiten führt. Der Verborgenheit Gottes hat Weischedel viel nachgedacht. Diese Verborgenheit aber wird durchbrochen von seinen Verheißungen. Sie sagen uns: Es ist die Verborgenheit unseres Freundes, keines anderen als unseres Freundes. Weil der Verborgene Gott unser Freund ist, darum endet nicht unser Sein im Nicht-Sein, unser Leben im Tode, sondern umgekehrt: *»Du lässest mich erfahren viele und große Angst und machst mich wieder lebendig.«* Luther hat die gute Anleitung gegeben, die Psalmen als Gebete Jesu Christi zu lesen und im besonderen als Gethsemane-Gebete, als Gebete des ins Sterben gehenden, angefochtenen Christus. Evangelium als Botschaft von Jesus Christus für uns sagt dann: die Erfahrung Jesu Christi wird auch unsere Erfahrung sein. Wie ihn, so läßt auch uns kein anderer in viele und große Angst geraten als derjenige, der in seiner Verborgenheit unser Vater und Freund ist. Wie Jesus, so werden auch wir das Auferstehungswort sprechen: *»Du machst mich wieder lebendig«*. Wie die Freundschaft Gottes uns verborgen ist in diesem Leben mit seinen Abgründen der Angst, so ist uns auch Auferstehung etwas Verborgenes; wie das geschehen und wie das sein wird, wir wissen es nicht. Aber unser Nicht-Wissen soll uns kein Anlaß für unser Nicht-Hören sein. Diesseits der Todesgrenze hören wir das

Wort von jenseits der Todesgrenze, und diesseits der Todesgrenze werden wir dadurch aufgerichtet zu neuem Leben, zum Leben des Glaubens und der Liebe und der Hoffnung, und jetzt schon steht fest: Nicht die Todesgrenze wird diese Erfahrung und Hoffnung widerlegen, sondern sie wird selbst widerlegt sein, wenn wir endgültig im Lichte dies voll Dank sprechen werden: *»Du machst mich wieder lebendig.«*

HASKO FROST

1938 – 1975

Der hochgewachsene, blonde Junge, der erste von acht Geschwistern, geliebt wegen seiner verhaltenen Freundlichkeit, besonders auch von Kindern, mit denen er so gut zu spielen verstand, wurde nach einigen Umwegen Versicherungsangestellter und durfte vor seinem plötzlichen Tode noch einige Jahre glücklicher Ehe und Vaterschaft erleben. Seine Eltern waren durch den Krieg, den Zusammenbruch und die Erfahrung einer christlichen Gemeinde zur Kirche gekommen und hatten ihre Kinder taufen lassen. Nach dem Tode seiner Mutter bei der Geburt ihres sechsten Kindes war er durch die zweite Ehe seines Vaters Stiefenkel von Adolf Freudenberg geworden und hing mit großer Liebe an seinen neuen Großeltern. Er war begeisterter Alpinist. Bei einem Kletterausflug in den Schweizerischen Bergen mit einer seiner Schwestern und einem Freunde geriet er am 5. September 1975 beim Abstieg auf ein brüchiges Steinfeld und stürzte tödlich ab.

»Erkennet doch, daß der Herr seine Heiligen wunderbar führt; der Herr hört, wenn ich ihn anrufe« (Psalm 4,4).

Liebe Lioba und lieber Reinhart, liebe Eltern, Geschwister, Verwandte und Freunde von Hasko Frost!
Dieser Psalmvers führt uns zurück in eine Stunde vor 25 Jahren, in der keiner von euch, soweit ihr sie miterlebt hat, geahnt hat und ahnen konnte, mit wie zerschlagener Seele wir heute hier sitzen werden um den zerschlagenen Leib unseres Hasko, und mitten unter uns du, liebe Lioba, beraubt des Liebsten, was du auf Erden hattest, beraubt des Menschen, der dich so beschenkt hat und den du beschenkt hast. Eure untrennbare Gemeinschaft ist getrennt – wie kann so etwas Unvorstellbares geschehen? Ihr beide werdet abends erwarten, daß er nach Hause kommt, daß die schöne Stunde des Erzählens, Vorlesens, Spielens beginnt – wie soll man es fassen, daß sie nie wieder beginnt?
Uns allen steht er jetzt vor Augen: dieser hochgewachsene, helle, saubere, in sich gekehrte Mann mit dem Seefahrernamen aus Luserkes Buch. Jedem von uns fallen gemeinsam erlebte Szenen ein, und durch diesen Psalmvers wird unsere Erinnerung gelenkt auf jene »Heidentaufe« 1949 auf dem Heilsberg, von der wir alle wohl mindestens gehört haben, jene Taufe der fünf Frost-Kinder, bei der dieses Psalmwort zum ersten Male an das – aufmerksame oder unaufmerksame – Ohr des Knaben Hasko gedrungen ist.
Könnten wir ihn jetzt fragen, so würde er sich heute, im Mannesalter, vielleicht kaum mehr daran erinnern, ob ihm damals das Wort aufgefallen sei, und was er sich dabei gedacht habe. Heute aber, durch die Wiederholung die dazwischenliegenden 25 Jahre umspannend, wird uns klar: Weniger wichtig ist, was damals der Knabe Hasko und was später der Mann Hasko sich dabei gedacht hat; wichtiger ist, was ihm – und damit auch denen, mit denen das Leben ihn verbinden würde – mit diesem Taufspruch *zugedacht* worden ist: *»Der Herr hört, wenn ich ihn anrufe.«*

Keiner konnte damals, als dieses Versprechen dem Knaben Hasko gegeben wurde, vorhersehen, welche Bedeutung es heute für dich, seine Frau, bekommen würde – aber auch für uns, die wir hier neben dir sitzen, mit dir grübelnd und »Warum?« fragend – die wir dir helfen möchten und doch wissen, daß es keine menschlichen Möglichkeiten gibt, dir in die Mitte deines Schmerzes hinein zu helfen. Du rufst, und wir hören dich, aber wir sind selbst hilflos. Wir rufen – aber der Berg, dessen Gestein sich als so brüchig und tödlich erwiesen hat, ist taub und stumm, und das Schicksal, in dessen Dunkel wir hineinrufen, ist ebenso taub und stumm, und es scheint, wir hätten mit diesem Todessturz wieder eine Bestätigung nur dafür bekommen, daß wir preisgegeben in ein Dasein hineingestoßen sind, wo nur Zufälle, unkontrollierbare Zufälle, über unser Leben und Sterben regieren.
Eben für *dieses* Leben aber ist dem Knaben Hasko und ebenso auch euch, seinen Geschwistern und Eltern, und euch zweien, seinen nächsten Menschen, das Versprechen gegeben worden: Es wird gehört, wenn ihr ruft! – und die Erlaubnis, in Tagen, da alles um euch taub und stumm zu sein scheint, mit Hoffnung zu sagen: *»Er hört, wenn ich ihn anrufe.«*
Kein Tränenausbruch, kein Klage-Stöhnen, kein Hilfeschrei, kein sorgenvoller Gedanke – so das Lebensversprechen an jenem Tauftage – verhallt ungehört, auch keine Warum-Frage, keine wilde Anklage gegen den Himmel, mit der sich das verwundete Herz aufbäumt: es wird alles gehört, und zwar nicht von einem gleichgültigen Gott irgendwo da droben, auch nicht von einem Gott, der uns unser Klagen und Anklagen übelnimmt, sondern von dem Ohr eines Herzens und dem Ohr eines Geistes, der uns zwar unsichtbar und tief verborgen, ja, unverständlich bleibt, der aber aus seiner Verborgenheit uns sein Versprechen zuruft: Ich höre dich, wenn du mich anrufst.
Dieses Versprechen soll uns jetzt helfen, weiterzuleben über diese Trennung hinaus. Es soll dir, Lioba, helfen, weiterzu-

leben trotz des Verlustes, die Entbehrung von Haskos Dasein zu ertragen und im Blick auf deine künftigen Aufgaben nicht zu verzagen. Sage dir vor, wenn es dir zu schwer zu werden scheint: *»Der Herr hört mich, wenn ich ihn anrufe.«*
Er hat auch ihn gehört, auch in den blitzkurzen und doch unendlich langen Sekunden des Sturzes. Auch Haskos Rufe in jenen Sekunden, ob irdisch hörbar oder nicht, sind gehört worden – nicht so freilich, wie wir möchten, nicht so, daß göttliches Eingreifen ihn aufgefangen hätte, so aber, daß er, könnten wir ihn jetzt aus der Ewigkeit vernehmen, uns berichten würde: *»Der Herr hörte, als ich ihn anrief.«*
Das ist es, worauf wir hoffen, und deshalb ist es uns wohl nicht zu schwer, diesen zweiten Teil des Psalmverses mitzusprechen: »Der Herr hört, wenn ich ihn anrufe.« Aber an diesem Sarge, zerrissen vom Schmerz über dieses euch beiden doch unentbehrliche und jetzt so grausam abgerissene Leben, die Aufforderung des ersten Teils jenes Taufwortes zu befolgen: *»Erkennet doch, daß der Herr seine Heiligen wunderbar führt«* – das scheint uns überschwer und unzumutbar. Hier hat Er doch zerschlagen, vom Weg abkommen und abstürzen lassen und gar nicht »wunderbar geführt«! Dieses Wort hofft darauf, es möchte uns klar werden: Wir dürfen unseren ganzen Widerspruch aussprechen, und wenn wir dann alles gesagt haben, erst dann fängt das Taufwort an, selbst zu sprechen, und sagt: Auch dies ist ein Versprechen; auch damit wird nicht etwas Absurdes, leicht widerlegbares behauptet; auch damit werden wir eingeladen, einem Versprechen zu vertrauen.
Nach einer besseren Lesart des hebräischen Textes heißt es hier nicht: »seine Heiligen«, sondern: »daß der Herr *mich* wunderbar führt« – oder, wie man auch übersetzen kann: *»mich wunderbar begnadet«*.

Dem Täufling Hasko wurde hier etwas versprochen, was er freilich während seines Lebens nur teilweise erkennen konnte, was er aber in der Vollendung, von der Ewigkeit her erkennen und bestätigen wird. Es wurde ihm versprochen:

Verborgen wird ihn Gnade wunderbar begleiten; die Solidarität Gottes wird ihn umgeben und beschenken – und das hat sie getan in den reichen Jahren der Kindheit im Kreise von euch Eltern und Geschwistern, ihn beschenkt mit leiblichen und geistigen und charakterlichen Gaben, beschenkt in den glücklichen zehn Jahren mit euch beiden, Lioba und Reinhart – und dazu wunderbar geführt, vor Abwegen, die jedem drohen, bewahrt, so geführt, wie er es erst jetzt, im Lichte des Angesichts Gottes, ganz erkennen kann. Er ist jetzt da, wo *er* diesem Worte ganz sicher nicht widersprechen wird.
In uns aber, hier in diesem zeitlichen Dunkel, regt sich noch Widerspruch. Wo war diese wunderbare Führung dort am Steilhang, wo sie irgendeinen Fehltritt oder das Abbrechen des Gesteins nicht verhindert hat? Wo war sie mit unserer lieben Elske, die vielleicht noch so schwere Folgen des Sturzes zu tragen haben wird? Wenn wir dennoch dieses Versprechen mehr gelten lassen als unseren Widerspruch, dann löst es uns hier auf Erden nicht die Rätsel, aber es bringt uns zur Einsicht, im Vertrauen auf dieses Versprechen zu sagen: So also hat der, der uns ins Leben gerufen und uns seine Gnade und seine Führung zugesagt hat, sich unser Leben gedacht. So hat er Haskos Leben gedacht: in diesem früh, für uns allzu früh vollendeten Bogen von 37 Jahren, mit seinen Schwierigkeiten, aber noch mehr mit seinen Beglückungen, begleitet von einigen Gottesworten, die er nicht in den Wind geschlagen hat, belehrt von jenem lateinischen Spruch an der Wand in eurer Wohnung: Carpe diem! Hora incerta, mors certa!, der sich jetzt bestätigt hat: »Nütze den Tag! Wann die Trennungsstunde kommt, ist ungewiß; daß sie kommt, ist gewiß.« Hasko hat die Tage eures Dreierbundes genützt, und so war sein Leben gedacht, daß ihr nach dem glücklichen Nützen dieser gemeinsamen Tage euch jetzt schon trennen mußtet.
So, im Glück der Gemeinsamkeit und im Schmerz der Trennung, ist unser Leben gedacht, und so müssen wir es

annehmen, und mitten im Schmerz wird uns, wird auch euch geholfen werden, es so anzunehmen, weil der, der unser Leben so gedacht hat, unser Freund ist und nicht unser Feind – unser Freund, der uns Gutes zudenkt und nicht Böses – unser Freund, von dem wir auch mitten im Schmerz, den er uns zugedacht hat, voll Dank für das Gute, das er uns zugedacht hat, mit aller Gewißheit sagen dürfen: »Er hört, wenn ich ihn anrufe.«

ULRIKE MEINHOF

1934 – 1976

Wir hatten uns im Januar 1959 bei einem studentischen Kongreß gegen die Atombewaffnung der Bundeswehr in Berlin kennengelernt und waren seitdem in loser Fühlung geblieben, bis sie mit ihren Freunden von der »Roten Armee-Fraktion« in den Untergrund ging. Im August 1973 konnte ich sie im Gefängnis Köln-Ossendorf zu einem längeren Gespräch besuchen. Die Freundesgruppe, die die Beerdigung vorbereitete, hatte den Wunsch, es möchte am Grabe neben den anderen Rednern auch jemand sprechen, der in irgendeiner Weise mit Ulrike Meinhof verbunden war und der zugleich als Christ sprechen konnte. Nachdem diese Bitte an mich gekommen war, war mir klar, daß am Grabe die politische Auseinandersetzung zu schweigen habe, und daß jedenfalls meine Aufgabe nur darin bestehen könne, vom Evangelium, also von der »frohen Nachricht« zu sprechen, die für die Gestorbene gilt und ebenso für die etwa 5000, meist der jüngeren Generation angehörenden Teilnehmer an dieser Beerdigung. Was ich in möglichst direkten Worten, ohne große Bemühung um Übersetzung in das, was man zeitgemäße Sprache zu nennen pflegt, zu sagen versuchte, hätte vielleicht keinen besonderen Widerspruch gefunden, hätte ich die Verstorbene nur der Gnade Gottes befohlen, wie das am Grabe von Menschen mit umstrittenem oder fragwürdigem Lebenslauf üblich ist. Weil ich von ihr – das neutestamentliche »für alle« der Liebe Gottes in Jesus Christus ernstnehmend – im Indikativ als von dem Kinde Gottes, das in die Arme der ewigen Liebe hinübergegangen ist, sprach, antwortete darauf nicht nur dort auf dem evangelischen Friedhof der Dreifaltigkeitsgemeinde in Berlin-Mariendorf ein Gegeneinander von Buhrufen und Händeklatschen. (Das »Gott sei Dank!« am Ende des zweiten Absatzes der Ansprache war mein Gegenruf auf diese Buhrufe.) Auch fromme christliche Blätter fragten verwundert und entrüstet, wer mir bei einem solchen Menschen zu solchem Indikativ das Recht gegeben habe. Von den Bedingungen, an die sie dieses Recht zu knüpfen scheinen, halte ich meinerseits, dank der Bedingungslosigkeit des Evangeliums, nichts. Gustav Heinemann, schon sterbenskrank, flüsterte auf die Nachricht vom Tode Ulrike Meinhofs: »Sie ist jetzt in Gottes gnädiger Hand – und mit allem, was sie getan hat, so unverständlich es für uns war, hat sie uns gemeint.«

Weil die Vorbereitungsgruppe mich aufgefordert hat, hier auch zu sprechen, möchte ich, nachdem politische Gesichtspunkte zum Sterben von Ulrike Meinhof deutlich gemacht worden sind, das sagen, was mir an diesem Grabe das Wichtigste ist. Wichtiger als der Gegensatz, der zwischen ihr und mir und anderen entstanden war. Beim gleichen Ziel der Befreiung der Menschen von Unterdrückung und Ausbeutung hat Ulrike Meinhof meine Haltung entschieden abgelehnt, und ebenso habe ich ihren Weg abgelehnt. Ich respektiere sehr, daß sie und ihre Freunde kein christliches Begräbnis gewünscht haben und zugleich mich als Christen eingeladen haben, hier zu sprechen, und darum will ich sagen, was mir als einem, der versucht ein Christ zu sein, an diesem Grabe das Wichtigste ist, in meiner Sprache.

1. Diesen Menschen mit einem schweren Leben, der sich das Leben dadurch schwer gemacht hat, daß er das Elend anderer Menschen sich so nahe gehen ließ, diesen Menschen mit seinen Hoffnungen und Kämpfen und Depressionen sehe ich jetzt im Frieden der Liebe Gottes. Sie ist in den Tod gegangen aus Motiven, die sie uns nicht gesagt hat, aber sie ist in Wirklichkeit hineingegangen in die Liebe Gottes. Allen bürgerlichen und christlichen Leuten, die sie verdammen wegen ihrer Taten und wegen ihres Todes, sage ich: Dieses Kind Gottes Ulrike Meinhof ist – unabhängig von allem Richtigen und Falschen in ihrem Wollen und Tun – hinübergegangen in die Arme der ewigen Liebe ... (Gott sei Dank!)

2. Ihr Leben und Kämpfen ist eine Frage an uns, eine Frage nach dem, was wir versäumt haben, besonders alle, die sie gekannt haben. Sie hat verzichtet auf bürgerliche Sicherungen, weil sie sich das Elend der Menschen so auf den Leib rücken ließ. So kam sie zu ihrer Strategie, über die wir so heftig in diesen Jahren gestritten haben. Inmitten des massenweisen Tötens in unserer Welt und des massenweisen Getötetwerdens liegen auf dem Weg, zu dem sie sich entschlossen hat, Menschenleben und am Schluß sie selbst; hätte sie bei uns mehr Menschen gefunden, ebenso bereit mitzukämpfen für eine menschenfreundlichere Gesellschaft und nicht zuerst darauf bedacht, die eigene Haut zu retten, wären wir ebenso entschieden und rücksichtslos gegen uns selbst gewesen, vielleicht hätte sie dann mit uns eine Strategie der Befreiung gesucht, die anders ausgegangen wäre und nicht gezeichnet von Haß und Gegenhaß. Dafür fehlt sie uns jetzt.

3. Ihr Tod sollte nicht nachträglich von uns verdinglicht werden, indem wir ihn benützen als Mittel zum Zweck, zur Agitation oder zur Befriedigung unseres Rachebedürfnisses. Wer das tut, dem soll gesagt sein: Ein jeder Tod muß uns zuerst betroffen machen, damit wir nicht besinnungslos weiterrasen auf den Wegen, die wir für richtig halten. Am Grab ist der Ort nachzudenken und zu fragen: Wo stehen wir? Was hilft uns eigentlich, damit wir richtiger leben und richtig sterben, die wir alle sterben müssen? Offensichtlich können wir uns selbst und anderen sehr wenig helfen. Könnte etwas Wahres sein an dem, was die Christen von der Hilfe Gottes sagen! Jeder der im Kampf der Befreiung gegen Unterdrückung und Ausbeutung steht, gerät in Stunden und Nächte der Einsamkeit und Verzweiflung in den Gefängnissen und Konzentrationslagern dieser Erde und auch sonst. Auch Ulrike ist durch solche Stunden gegangen. Durch diese Todesnachricht entsteht in vielen von uns eine geheime Angst, die fragt: Kommt bei all unseren Kämpfen für die Befreiung von Unterdrückung und Ausbeutung nicht mehr

heraus als dies, daß alles umsonst ist? An diesem verzweifelten Alleinsein nimmt Jesus von Nazareth Anteil in der Nacht von Golgatha. Darum kann er in allen Nächten dabei sein, wo einer nicht weiter weiß, als einer, der weiter weiß. Gibt es unter uns Sozialisten ein paar, die von daher Hilfe und Orientierung bekommen, dann wird das vielen unter uns, die daran sind, aufzugeben und schlapp zu machen, helfen, durchzuhalten: dann wird das auch helfen dazu, daß der Kampf für Menschlichkeit nicht selbst unmenschlich wird, sondern menschlicher und hoffnungsvoller. Das haben wir alle nötig.

GUSTAV W. HEINEMANN

1899 – 1976

Gustav Heinemann hatte sich aus Altersgründen im Jahre 1974 nicht mehr zur Wiederwahl als Bundespräsident gestellt und zog sich in seine Heimatstadt Essen zurück. Sein 75. Geburtstag wurde kurz nach dem Rücktritt von seinem Amte, am 23. Juli 1974 dankbar von einem großen Kreise seiner Freunde gefeiert. Im Winter 1975 mehrten sich die Anzeichen einer schweren Erkrankung. Nach monatelangem Leiden, in dem er das Abnehmen seiner Kräfte mit großer Würde ertrug und zugleich mit großer Tapferkeit dagegen ankämpfte, starb er in einem Essener Krankenhaus am 7. Juli 1976. – Im Jahre 1936 war ich anläßlich einer Arbeitstagung der Bekennenden Kirche in Essen Gast im Hause Heinemann gewesen. Die seither bestehende Verbindung wurde zur engen Freundschaft, als ich nach meiner Rückkehr aus sowjetischer Kriegsgefangenschaft 1950 einen theologischen Lehrstuhl in Bonn übernahm und von Heinemann mit großem Vertrauen in die Beratung seiner Überlegungen hereingezogen wurde, die zu seinem Rücktritt vom Amte des Bundesinnenministers im Herbst 1950 führten.

»Es spricht, der dieses bezeugt: Ja, ich komme bald. Amen, ja komm, Herr Jesu!« (Offb. 22,20).

Liebe Gemeinde! Liebe Freunde Gustav Heinemanns! Liebe Hilda und liebe Angehörige unseres Heimgegangenen!
Dieses letzte Wort der Bibel ist auch das letzte Wort Gustav Heinemanns, das er als das biblische Wort für diese Stunden des Abschieds gewünscht hat. Es war ihm die Zusammenfassung seines ganzen Glaubens und Hoffens. Es war auch manchmal sein letztes Wort in Gesprächen über den gegenwärtigen Zustand der Menschheit, über die ihr drohenden Gefahren und über die anscheinend Aussichtslosigkeit, diesen Gefahren wirksam zu begegnen. Ein letztes Wort des Vertrauens also in einer Lage, in der nichts anderes mehr zu sehen ist, worauf man vertrauen und Hoffnung setzen könnte.
So ist es ein letztes Wort auch gegen den Tod, der allem ein Ende macht, worauf wir sonst Vertrauen und Hoffnung setzen können. Zu dem, der gestorben ist, kommt nichts und niemand mehr. Ihn erreicht nicht mehr unsere Liebe. Wir trauern, weil wir nicht mehr zu ihm kommen können und er nicht mehr zu uns. Für Gustav Heinemann gelten nun selbst die Worte, mit denen er 1972 die Gedenkrede auf seinen Vorgänger Heinrich Lübke begonnen hat: »Er ist uns entrückt durch den tiefen Graben, der Tote von Lebenden scheidet. Alles, was unsere Welt angeht, was sie in Atem und Spannungen hält, was sie uns Lebenden bietet: die Freude, der Kummer und die Sorgen, die sie bereithält, berühren ihn nicht mehr. Er verlangt nach nichts, das wir ihm geben könnten. Sein einziges Gegenüber ist nun der geworden, für den es die Grenze zwischen Leben und Tod nicht gibt, weil er der Herr ist über die Lebenden und die Toten.«
Diesem Ende ist Gustav Heinemann entgegengegangen offenen Auges in den langen Wochen der Krankheit, und er war bereit dafür jeden Tag, seit ihm die Zeichen des Altwerdens ein Ende seines Lebens ankündigten. Er hat es angenommen,

daß dieses Ende nun auf ihn zukommt – und er hat zugleich mit der großen Energie seines Willens angekämpft gegen das Fortschreiten der Krankheit, damit ein Beispiel gebend, wie das zu verstehen und zu lesen ist, was dieses letzte Wort der Bibel und des christlichen Glaubens uns sagt.

Dieses Wort ist ein Versprechen, von dem man leben und mit dem man sterben kann. Uns wird versprochen: Es wird einer zu uns kommen, wenn keiner mehr zu uns kommen kann. Der, der uns dies verspricht, der kann kommen, der kann da sein, wenn wir ganz allein sind in den langen Stunden des Sterbens. Er kommt auf uns zu, wenn alles uns verläßt. Er, das Licht und das Leben aus Gott, er verspricht ins Nein des Todes hinein: »Ja, ich komme bald.«

Er ist schon früher ins Leben von Gustav Heinemann hineingekommen, und eben dies hat Heinemann Kraft gegeben, dem Sterben so klar und bereit entgegenzugehen und zugleich gegen die Krankheit zu kämpfen. Der, der hier sein Kommen verspricht, ist in Heinemanns Leben hineingekommen, als die Botschaft vom Leben, die Botschaft vom gekommenen und kommenden Herrn ihn erreichte – durch allerlei Vermittlungen, besonders durch dich, liebe Hilda, und durch Pfarrer Friedrich Graeber in Essen, von dem er deshalb in lebenslanger Dankbarkeit gesprochen hat. Nun hörte er das große Versprechen, das ihn sein Leben hindurch getragen hat. Von nun an konnte er hinausschauen über den Tod hinaus und dem Versprechen antworten mit der Bitte: »Amen, ja komm, Herr Jesu!«

Darum war eines der Merkworte, deren er so manche uns mit sprachlicher Treff-Fähigkeit überliefert hat, sein Wort vom Essener Kirchentag 1950: »Laßt uns der Welt antworten, wenn sie uns furchtsam machen will: Eure Herren gehen, unser Herr aber kommt!« Diesem kommenden Herrn ist Gustav Heinemann entgegengegangen; dieser kommende Herr ist ihm im Leben und im Sterben entgegengekommen, ihm hat er in den Krankheitstagen entgegengeschaut: »Wenn meine Kräfte brechen, – mein Atem geht schwer aus – und kann kein Wort mehr sprechen: – Herr, nimm mein Seufzen auf!«

»Wenn die Welt uns furchtsam machen will«, sagte er. Die Welt ist aber doch nicht nur der Tod, die Welt ist doch auch Gottes Schöpfung, voll von Leben, unser Arbeitsfeld, und gerade dieser Gustav Heinemann hat ein großes Beispiel weltzugewandten, weltverantwortlichen Christentums gegeben. Ein weltverneinendes Christentum war ihm ein Widerspruch zu Gottes Weltliebe, und ein unpolitisches Christentum war ihm nicht etwa ein Zeichen von besonderer Frömmigkeit, sondern von halbierter Frömmigkeit. Darum wieder eines seiner einprägsamen Merkworte: »Ein halber Christ ist ein ganzer Unsinn.« Deshalb gab es keinen Bruch in seinem Leben, als ihm die Ohren und das Herz fürs Evangelium aufgingen, nachdem er im geliebten Elternhause in monistischer, freidenkerischer, ja antikirchlicher Luft aufgewachsen war. Man meint manchmal, Heinemann sei durch sein Christsein zu einem Politiker des Friedens und einem Anwalt der Menschenrechte, der Behinderten und der bedrückten Minderheiten geworden. Aber das ist biographisch nicht richtig. Die Traditionen des Elternhauses, von ihm lebendig aufgenommen, wiesen ihn schon in diese Richtung und haben bei ihm bewirkt, daß er von seinen frühesten politischen Äußerungen an leidenschaftlich für eine deutsche Friedenspolitik, für soziale Gerechtigkeit, für dringend nötige Rechtsreformen, für Demokratie eintrat – damit leider nur einer Minderheit in der damaligen jungen deutschen Generation angehörend. Sein eigener sozialer Aufstieg ließ ihn die Armut seiner Vorfahren nicht vergessen. Er dachte zeitlebens an die da unten, für die da unten, und das ihm so teure Wort »Freiheit« hatte bei ihm ein eindeutiges Kriterium: Es muß die Freiheit *aller* sein, und nicht nur die Freiheit privilegierter Personen oder Gruppen. »Ich lege Wert darauf, ›alle‹ besonders zu betonen«, heißt es in dem letzten Text seines Lebens, den er vor einem Monat verfaßte.

Was geschieht, wenn jemand, der durch Anlage und Tradition so geprägt ist, als Erwachsener mit dem Evangelium zusammenkommt? Je nach ihrem Verständnis haben manche sich daraufhin abgewendet von Politik und Weltverantwortung; manche wandten sich rückwärts zu Ideen der Vergangenheit und kämpften gegen alles Moderne. Heinemann dagegen wurde durch das Evangelium bestätigt und bestärkt in der Richtung, in der er sich schon bewegte, und er hat dadurch der vielfach noch sehr rückwärts verhafteten evangelischen Christenheit in Deutschland geholfen, Demokratie, Friedenspolitik und Gesellschaftsreform als ihre eigene Aufgabe zu erkennen.

Hätte ihn das Evangelium darin nur bestärkt, so hätte er es eigentlich nicht nötig gehabt. Was machte ihm, was macht uns allen das Evangelium schlechthin nötig und unentbehrlich? Darauf weisen uns die zitierten Worte vom Essener Kirchentag: »Wenn die Welt uns furchtsam machen will ...« Die gleiche Welt, die unser Arbeitsfeld ist, gibt uns täglich neuen Anlaß zum Fürchten, Anlaß uns vor den Menschen zu fürchten, und Anlaß, für die Menschen zu fürchten. Ob Furcht vor den Menschen Heinemann sehr zugesetzt hat, wissen wir nicht; er ließ es sich nicht anmerken. Jedenfalls konnten wir nie bei ihm sehen, daß Menschenfurcht ihn veranlaßte, abzuweichen von dem Bekenntnis dessen, was er in seiner strengen Gewissenhaftigkeit für richtig und wichtig erkannt hatte. Geborgen im Versprechen seines kommenden Herrn wurde er frei von Furcht und Eitelkeit, und ebendies machte ihn Unzähligen zu einem Manne des Vertrauens, wie unser Volk in diesen Jahren kaum einen zweiten besaß. Darum hätten wir ihn noch lange gebraucht.

Die Furcht *für* die Menschen hat ihm mehr zugesetzt, und wer so warmherzig und mitfühlend in die Politik geht und vom Evangelium bestärkt wird, für alle und nicht nur für die Interessen der eigenen privilegierten Schicht politisch zu arbeiten, den kann der Zustand der Welt wahrhaftig das

Fürchten lehren. »Die Schicksalsfrage, ob wir auf dem richtigen Weg sind« (»Allen Bürgern verpflichtet«, Reden und Schriften I, Frankfurt/M. 1975, 250), hat ihn in den letzten Jahren unablässig beschäftigt. Er sah die drohenden Gefahren für das Überleben der Menschheit, die Notwendigkeit tiefer Systemveränderungen. Ihn erfüllten, wie er in seiner Abschiedsrede beim Rücktritt vom Amte am 1. Juli 1974 sagte, »Unruhe und Ungeduld über die noch immer bei uns herrschende Kurzsichtigkeit«. Er sah deutlich, wie das, was getan werden *muß*, nicht getan werden *kann*, weil allzuviele unter denen, die an den verschiedenen Hebeln der Macht sitzen, es nicht tun wollen oder nicht getan haben *wollen*. Und neben den Sorgen um die Menschheitszukunft nagte in den letzten Jahren in ihm der Kummer darüber, daß anstelle der Erziehung zum Bürgermut, der er hatte dienen wollen, Erziehung zur Bürgerfeigheit sich ausbreitet und gefördert wird. So sprach er immer öfter vom Unregierbarwerden der Welt und schloß manches Gespräch mit dem Satz: »Bring du mal diese Welt in Ordnung!«
Das klingt nach Resignation, und die hatte er sich doch auch in jenen Zeiten verboten, in denen er sehr einsam für eine illusionslose Deutschlandpolitik kämpfte gegen eine Politik der Illusionen, bestätigt von der dann kommenden Entwicklung. Was half ihm, was hilft uns in dieser Anfechtung der Resignation das auf das göttliche Versprechen trauende Gebet: »Ja komm, Herr Jesu!«?
Es gab ihm erstens die Gewißheit, daß diese Welt, so gottverlassen sie uns oft erscheinen mag, dennoch fest in der Hand Gottes ist, der verborgen anwesend ist und wirkt und keinen von uns allein läßt. »So sehr die Welt da und dort unregierbar erscheinen will, so ist und bleibt sie in Gottes Regiment geborgen«, sagte er in der Bußtagsansprache des vergangenen Jahres. Unenträtselbar ist für uns im hiesigen Leben dieses Regieren Gottes; aber wer ihm vertraut, der bleibt in aller Sorge um die Zukunft der Menschheit vor der Verzweiflung bewahrt, die uns selbst zerstören würde.

Das Gebet ist zweitens ein Gebet der Hoffnung. »Was heißt denn ›Kommen Jesu‹?«, fragten wir uns bei einem Schwarzwald-Spaziergang und antworteten uns: Es bedeutet die – wenn auch heute so irreal erscheinende, aber ja nicht aufzugebende – Aussicht, daß Gottes Geist, Jesu Geist, einmal nicht nur bei einzelnen, sondern in der ganzen geistverlassenen Menschheit sich durchsetzen und die Köpfe und Herzen der Menschen wandeln wird weg vom zerstörenden Kampf um Einzelinteressen, weg vom Leben auf Kosten anderer hin zu einem gemeinsamen Weg des Friedens und der Gerechtigkeit und der Freiheit für alle. Das wird die Rettung der Menschheit sein vor ihren heutigen und morgigen Gefahren. Daß es dazu kommen wird – diese Hoffnung ist uns gemacht, und sie dürfen wir nicht aufgeben.
Wir dürfen sie drittens nicht aufgeben, damit wir jetzt schon das Unsrige tun, unverzagt, unresigniert, für diesen neuen Weg der Menschheit. Nach jenem Satz der Bußtagsansprache fuhr Heinemann fort: »Dies bedeutet nicht, daß wir damit eigener Verantwortung entbunden wären – im Gegenteil.« Aufblickend und vorwärtsblickend auf den kommenden Herrn werden wir schon jetzt seine Jünger und Diener und bekommen von ihm die Kraft und die Erkenntnis, uns furchtlos entgegenzustellen dem Todestreiben der Menschen und der Völker und einzutreten für das, was den Menschen wahrhaft zum Leben hilft.
Wir feiern in dieser Abschiedsstunde nicht den Menschen Gustav Heinemann. Er war sich seiner Mängel und Fehler tief bewußt und lebte aus der Botschaft der Vergebung. Aber wir danken Gott für das ermutigende Beispiel, das er uns durch das Leben dieses Menschen gegeben hat. Wir sind im Abschiedsschmerz verbunden mit Dir, liebe Hilda, und mit Euch Kindern und Enkeln. Im kommenden Herbst dachten wir, uns bei Eurer Goldenen Hochzeit mitfreuen zu dürfen darüber, daß ihr 50 Jahre durch Freud und Leid unzertrennlich miteinander gegangen seid, daß Ihr Euch Liebe geschenkt habt und einander geholfen habt, die Aufgaben des

hohen und schweren Amtes zu erfüllen. Nun ist der Abschied früher gekommen. Mitten im Schmerz hören wir das kraft- und hoffnunggebende göttliche Versprechen und sagen es uns vor fürs Leben und fürs Sterben:

»Ja, ich komme bald.
Amen, ja komm, Herr Jesu!«

ANNA HELENE VON BODENHAUSEN

1902 – 1976

Sie entstammte einem alten preußischen Adelsgeschlecht, fand durch ihren christlichen Glauben und wegen ihrer Ablehnung des Nazi-Regimes zur Bekennenden Kirche und wurde vor dem Kriege Gemeindehelferin im Osten Berlins. Ihre Haltung wurde nach 1945 auch von den Vertretern der neuen Gesellschaftsordnung dadurch anerkannt, daß sie nach Enteignung des väterlichen Schlosses und Besitzes mit ihrer Mutter in ihrem Heimatdorfe Radis bei Gräfenhainichen (Provinz Sachsen) wohnen durfte. Sie tat dann Dienst als Pfarrverweserin der Brandenburgischen Kirche und lebte nach ihrer Pensionierung in Zehdenik. In gelassener Zuversicht und frei von jedem Ressentiment blieb sie immer in schlichter Treue dort, wohin sie sich gestellt sah. Auch eine Übersiedelung nach West-Berlin, in die Nähe guter Freunde, erwog sie erst im letzten Jahre ihres Lebens, bevor sie am 14. Oktober 1976 einer kurzen Krankheit erlag. In der Familiengruft in Radis haben wir sie unter Teilnahme des Dorfes am 27. Oktober 1976 begraben.

Liebe Angehörige und Freunde von Anna Helene von Bodenhausen!
In der Weihnachtszeit 1937 oder 1938 kam Anna Helene einmal in Dahlem zu mir in die Sakristei. Sie war von dem Gottesdienst besonders berührt worden und wollte sich mit mir darüber aussprechen. Damit begann unsere Freundschaft, eine nun fast 40jährige Freundschaft. Weil der Text jener Predigt ihr besonders lieb war, wollen wir ihn auch heute uns führen lassen. Es ist ein Wort des Apostels Paulus an die Philipper. »Freut euch in dem Herrn alle Wege! Und noch einmal sage ich: Freut euch! Eure Lindigkeit laßt merken alle Menschen. Der Herr ist nahe!« (Phil. 4,4–5).

Diese 40 Jahre waren für sie wie für viele Menschen Jahre von aufeinanderfolgenden schweren Ereignissen, und wie sie diese Jahre mit allen Zumutungen, die sie enthalten haben, angenommen und durchgestanden hat, das war es, was viele von uns mit ihr so besonders verbunden hat. Damals war sie Gemeindehelferin in der Gemeinde Berlin-Lichtenberg. Aus einer Familie mit alter, großer Tradition kommend, stand sie dort in einer bescheidenen Berufsarbeit. Dabei hat sie die damaligen Probleme wach wahrgenommen und sich – entgegen anderen Tendenzen in ihrer Familie – sofort entschieden auf die Seite der Bekennenden Kirche gestellt. Nach dem Krieg, in der gänzlichen Veränderung der Verhältnisse verlor sie das heimatliche Zuhause. Lange Zeit hatte sie die von ihr sehr geliebte Mutter zu pflegen. In schweren persönlichen Verlusten ebenso wie in den gemeinsamen Nöten, die sie mit allen Menschen um sie herum und mit den Gemeinden, in denen sie tätig war, zu tragen hatte, war ihr jenes Paulus-Wort neben anderen Worten des Evangeliums immer eine praktische Leitung. Sie ließ das Wort zu sich sprechen und versuchte – ohne Krampf, aber sich schlicht und vertrauensvoll darauf verlassend – es zu befolgen, also allem Schweren, allem, was traurig macht, die Freude entgegenzusetzen, erwähnte es manchmal und konnte auch ab und zu

fragen, wie dieses »Der Herr ist nahe« denn eigentlich zu verstehen sei.
Man kann es räumlich und man kann es zeitlich verstehen. Im räumlichen Sinne sagt es: Wir sind nicht allein in dieser wirren und gefährlichen Welt, wir haben nahe bei uns ihn, der mit uns spricht, und auf den wir uns verlassen können. Er umgibt uns von allen Seiten. Verlassen sind wir nicht verlassen. Wir hören ihn ganz nahe, wenn wir seine Worte uns vorhalten und zu uns sprechen lassen wie die Worte eines nahen Freundes. Zeitlich verstanden sagt es: Wir gehen ihm entgegen, auf ihn zu, und er kommt auf uns zu. Er steht nahe vor uns und vor der ganzen Welt. Wenn wir den letzten Schritt tun aus dem Leben in den Tod, dann ist es nicht ein Schritt in den Abgrund und in das Nichts, sondern der letzte Schritt auf ihn zu, er wird uns auffangen, und so wird es ein Schritt vom Leben ins Leben sein. Diesen Schritt hat sie jetzt getan. Diesem Schritt ging sie entgegen sehr nüchtern, sehr gefaßt, und zugleich das Leben immer von der positiven Seite nehmend, dieses irdische Leben, so lange es ihr gegeben war. Sie war nicht mit großen auffallenden Gaben ausgerüstet. Sie war ein schlichter Mensch. Es ist ihr innerlich geholfen worden, daß sie nicht in die Versuchung kam, mehr scheinen zu wollen, als sie war, und nicht unzufrieden wurde mit den ihr gegebenen Gaben. Sie hat vielmehr den Rahmen des Lebens und der Gaben, der ihr bestimmt war, voll ausgefüllt, und eben dies machte sie zu einem so erfreulichen Menschen für uns alle. Die eindruckvollste Gabe, die ich bei ihr nennen möchte, war ihre humorvolle Einfalt, Einfalt im ganz positiven Sinn, den dieses Wort bei uns – neben einem negativen Sinne – ja haben kann. Schlicht und einfältig nahm sie Gott bei seinem Wort und ließ sich von Gott ebenso beim Worte nehmen, also beim eignen Christus-Bekenntnis, das sie mit ihrem Leben immer wahrmachen wollte. Daraus ergab sich für sie folgendes:
1. Wo sie stand, da war ihr klar: geflohen wird nicht. Mein Platz ist in der DDR und bleibt in der DDR. So tat sie in der

hiesigen Kirche ihren Dienst als Katechetin, dann als Pfarrverwalterin. Erst als wir ihr in den letzten Jahren das Gewissen beruhigt hatten, eine Übersiedlung nach West-Berlin sei für sie als Ruheständlerin keine Flucht, suchte sie sich einen Platz in einem West-Berliner Altersheim, den sie nun nicht mehr einnehmen kann.

2. Ihr Gehorsam gegen Gottes Führung war mit Freude verbunden, wie sie in dem Apostelwort gemeint ist. Das zeigte sich daran, daß ihr Bleiben an dem Ort, an den sie sich von Gott gewiesen sah, nicht in einer bedrückten oder gar in einer verbitterten Haltung geschah. Unter so vielen verbitterten Menschen um sie her, gerade auch den Menschen ihrer Herkunft, war sie ein unverbitterter Mensch, dem Verlorenen nicht nachtrauernd, ohne Ressentiment gegenüber der gesellschaftlichen Entwicklung, von opportunistischer Anpassung wie von reaktionärer Feindschaft gleich weit entfernt, und immer wieder bemüht, das Positive nicht zu übersehen, das man anerkennen müsse. Deshalb waren ihre Besuche bei uns drüben so erfrischend, weil hier nicht ein klagender Mensch kam, der seinen Groll ausschütten wollte, sondern ein unverbitterter, glaubender und fröhlicher Mensch, der höchstens über sich selber klagte, über seinen vergeblichen Kampf gegen gewisse Eigenheiten, z.B. gegen ihren Mangel an Ordnungssinn.

3. Weil sie das göttliche Wort mit seinen Verheißungen und Geboten wörtlich nahm, deshalb konnte sie auch Ja sagen zu dem, was nicht nur im gesellschaftlichen Bereich, sondern auch im individuellen Bereich uns schwer fällt und zu schaffen macht, z.B. auch zu den zunehmenden Alterserscheinungen. Sie lebte gern und sie war zugleich gefaßt auf das Sterben. Sie war ein resolut irdischer Mensch und nahm zugleich ernst, daß der Tod uns der Eingang in das Leben ist. Die christliche Botschaft war ihr zuerst und zuletzt eine uns freudig stimmende und nicht eine uns trübsinnig stimmende Botschaft, eine Einladung, Vertrauen zu haben zu Gottes Führung, Hoffnung auf seine Vergebung und von da aus

auch vergebend und barmherzig über die anderen Menschen zu denken und zu den anderen Menschen uns zu verhalten. Um die »Lindigkeit«, von der Paulus spricht, hat sie sich immer bemüht. Manchmal habe ich sie unwirsch über einen Menschen sprechen hören, aber nie verurteilend und nie mit Haß.
Sie soll uns in Erinnerung bleiben als ein Beispiel, was das Leben mit dem Evangelium bei uns bewirken kann, wie es bei einem Menschen das Beste, was Gott in ihn hineingelegt hat, entwickeln und zur Reife bringen kann. Das ist doch der Grund, weshalb wir mit Anna Helene immer gern zusammen gewesen sind. Die Menge von Fragen, mit denen sie bei ihren Besuchen ankam, immer eine ganze Liste davon auf dem Papier, und wie sie die einzelnen dann durchsprach, immer unter dem Gesichtspunkt, was denn ein Christ hoffen dürfe und wie er sich zu verhalten habe, das werde ich nicht vergessen. Ein erfreulicher Mensch hat uns verlassen und wünscht jetzt von uns, daß wir ihm nicht nachweinen, sondern mit ihm danken für den Weg, den ihn Gott geführt hat, und für die Begleitung seines Wortes und Geistes, die ihm Gott gewährt hat. Wie sie es sich gewünscht hat, darf sie nun in ihrer Familiengruft bestattet werden, und die Freunde ihres Lebens sind dabei versammelt. Sie ist uns vorausgegangen auf den Herrn zu, der uns allen nahe ist.

OTTONIE BLANCK-LUBARSCH

1899 – 1976

Als ein Beispiel für die unvergeßliche und tragende Mitarbeit einiger Frauen in der Dahlemer Bekenntnisgemeinde ist Ottonie Blanck in dieser Grabrede genannt worden. Sie war die Tochter des Pathologen Otto Lubarsch (1860–1933), der seine Bekanntheit über die Fachkreise hinaus nicht nur seiner akademischen, sondern auch seiner politischen Tätigkeit verdankte: er gehörte zu dem konsequent assimilierten Teil des deutschen Judentums, stand politisch auf der äußersten Rechten und bekämpfte die Weimarer Republik samt dem »jüdischen Einfluß« – erst in den letzten Wochen seines Lebens ahnend, welchem Verderben er damit den Weg zu bereiten geholfen hatte. Seine Frau und seine Tochter aber fanden einen anderen Weg, den zu Martin Niemöller und zur Bekennenden Kirche. Bis zu ihrem Tode am 16. November 1976 nach jahrelangem Krebsleiden galt ihr Leben und Beten der wachen Gemeinde Jesu Christi inmitten der Kirche und inmitten der heutigen Welt.

»›So ihr nun bleiben werdet an meiner Rede, so seid ihr meine rechten Jünger und werdet die Wahrheit erkennen, und die Wahrheit wird euch frei machen.‹
Da antworteten sie ihm: Wir sind Abrahams Samen, sind niemals jemandes Knechte gewesen; wie sprichst du denn: ›Ihr sollt frei werden?‹
Jesus antwortete ihnen und sprach: ›Wahrlich, wahrlich, ich sage euch: Wer Sünde tut, der ist der Sünde Knecht. Der Knecht aber bleibt nicht ewiglich im Hause; der Sohn bleibt ewiglich. So euch nun der Sohn frei macht, so seid ihr recht frei‹« (Joh. 8,31b–36).

Liebe Gemeinde Jesu Christi, lieber Heinz-Jürgen, liebe Angehörige und Freunde unserer Heimgegangenen!
Das Wort Freiheit rührt uns tief an und auf. Wenn dieses Wort ertönt, dann spüren wir, was uns fehlt, und recken wie Gefangene durch die Gitter ihrer Kerkerfenster die Hände aus, – und es ist sehr bezeichnend: Wir denken zuerst an das, was uns fehlt an Freiheit, und weniger an die Freiheiten, die wir doch haben und täglich genießen. Daß wir jetzt haben hierher gehen dürfen und zusammenkommen in dieser Kirche, daß wir atmen und sehen und hören können, all die Freiheiten unseres Körpers, die wir haben, solange wir einigermaßen noch gesund sind. Und daneben die kostbaren politischen Freiheiten, an die uns gerade diese unsere liebe Annenkirche erinnert, in der wir zusammengekommen, ja zusammengeflohen sind damals, als das eine der wenigen Freiheiten war, die uns die Tyrannei gelassen hatte. Hier haben wir die Fürbittlisten mit den Namen unserer Gefangenen verlesen, und hier sind wir zum Heiligen Abendmahl gegangen mit unseren jüdischen Schwestern und Brüdern, bevor sie in den Tod deportiert wurden. Und hier ist uns klar gemacht worden, wie falsch ein geistlicher Hochmut ist, der die äußeren Freiheiten, die des Körpers und des Geistes und die politischen Freiheiten, mißachtet. Und welch ein Undank es ist, wenn wir diese Freiheiten als selbstverständ-

lich nehmen, wo wir doch nicht genug danken können jeden Tag, da wir sie noch haben, und doch erfahren haben, wie rasch sie uns genommen werden können.

Nun aber, wenn der Herr von Freiheit spricht, dann freilich denken wir mit Recht zuerst an die vielen Unfreiheiten, in denen wir stecken. Sein Wort hier im Johannes-Evangelium will uns ja klar machen, wieviel uns hindert am Leben, hindert an einem wirklich freien Leben, d. h. an einem frohen Leben, einem unbeschwerten und an einem an Gott und den Menschen sich freuenden Leben.

Wenn wir wegen eines Todesfalles hier zusammenkommen, dann tritt uns die Unfreiheit vor Augen, die mit unserer Vergänglichkeit gegeben ist, die in der Furcht vor dem Sterben und vor dem Tod sich ausdrückt, und die sich ankündigt im Verlieren der körperlichen und geistigen Freiheiten, in dem Verlieren, das man Altwerden nennt, bis zum letzten Gefesseltwerden auf das Kranken- und Sterbebett.

Die Leute, zu denen Jesus hier spricht, die freilich wollen sich nichts sagen lassen. Sie antworten voll Hochmut und voll Torheit: »Wir sind Abrahams Kinder, wir sind niemandes Knechte, wir sind frei!« Sie vergessen und wollen nicht wahrhaben, daß die Römer als Besatzungsmacht im Lande stehen und das Volk Israel knechten. Sie vergessen und wollen nicht wahrhaben, daß wir – wie es im Hebräerbrief heißt – »durch Furcht des Todes unser ganzes Leben lang Knechte sein müssen« (Hebr. 2,15). Und sie vergessen und wollen nicht wahrhaben, was Jesus ihnen hier antwortet: »Wer Sünde tut, der ist der Sünde Knecht.«

Sünde – das ist unser Nicht-Übereinstimmen mit dem Willen des Lebens, mit dem Willen Gottes; das ist unser angstvolles Mißtrauen gegen Gottes Führung; das ist darum auch unser angstvolles Bedachtsein auf Vorteil gegenüber unsern Mitmenschen.

So tief in uns hinein trifft das Wort Freiheit, und so tief aus uns heraus müssen wir die Hände strecken und Ja schreien, wenn Jesus sagt: »Ihr müßt befreit werden!«

Gott sei Dank sagt er nicht nur »Ihr müßt«, worauf wir nur antworten können »Ja leider, aber wer tut's?« Er sagt: »Ihr könnt und ihr werdet befreit werden. Die Befreiung ist schon auf dem Wege, ja, der Befreier ist schon mitten unter euch, mitten im Gefängnis!«

Was tun Gefangene, wenn mitten im Gefängnis ein möglicher Befreier erscheint? Sie klammern sich an ihn und flehen ihn an, ohne sie doch ja nicht das Gefängnis wieder zu verlassen. Und er sagt: »Ja, klammert euch daran! Mein Wort – das bin ich selbst. An mein Wort haltet euch, dann werdet ihr Freiheitsmöglichkeiten bekommen mitten im Gefängnis.«

Wie macht man das, an sein Wort sich halten? Indem man hineinkriecht in sein Wort wie in eine Schutzhöhle bei einem Luftangriff und drinbleibt hartnäckig und sich nicht herauslocken läßt. Oder – ohne Bild gesprochen: Indem wir uns sein Wort immer vorsagen, immer neu ins Herz und in den Kopf hinein vorsagen. Indem wir mit seinem Wort wie mit einer realen Kraft rechnen. Indem wir uns ganz darauf verlassen, darauf wie auf einen festen Boden treten. Indem wir damit und danach leben und von da aus alle Verhältnisse und alle Dinge neu sehen – und damit in ein anderes Leben hineinkommen und erfahren neue Bewegungsfreiheiten mitten im Gefängnis.

Diese Erfahrungen, liebe Freunde, – das ist versprochen – die werden wir machen, und die haben wir gemacht, gerade hier in dieser Annenkirche in jenen Jahren des Kampfes. Und von daher kommt es, daß Ottonie Blanck dieses Wort uns ausgewählt hat, um es zu uns sprechen zu lassen als ein Wort ihrer eigenen Lebenserfahrung, mit der sie Befreiung immer wieder bekommen hat in jenen Jahren und weiterhin und bis zuletzt.

Sie möchte damit bekennen uns zum Abschied, wie er selbst, der in seinem Wort gegenwärtige Befreier, durch seinen Geist ihr gegeben hat, sich zu halten und zu klammern an dieses Wort, herausgerettet zu werden aus Unfreiheit in

Freiheiten, – und ihr letzter Dienst ist, daß sie uns das sagen will für unser Leben.

In einem Lebenslauf, den sie vor vielen Jahren niedergeschrieben hat, berichtet sie, mit welcher Erschütterung es sie und ihre Eltern 1933 – sie war damals 34 Jahre alt, eine nach kurzer, glückloser Ehe geschiedene Frau mit ihrem Sohn – wie sehr sie es mit ihren Eltern 1933 getroffen hat, wegen ihres jüdischen Vaters auf einmal zu den rassisch Belasteten und Ausgestoßenen zu gehören. Und sie schreibt weiter, sie dankt es – ganz bewußt schreibt sie: sie dankt es – dieser Erschütterung und Belastung, daß sie mit ihrer Mutter (ihr Vater war schon am 1. 4. 1933 gestorben) zu Martin Niemöller und zur Dahlemer bekennenden Gemeinde gefunden hat, die sie ihre Heimatgemeinde nennt, daß sie Heimat gefunden hat in der Gemeinde Jesu Christi und eine Arbeit, die ihr Leben ausgefüllt und ihrem Leben einen neuen Inhalt gegeben hat.

Wir stehen hier an dem Sarg einer jenen Frauen, die ich eine der Säulen der Bekennenden Kirche nennen möchte. In diesen Jahren habe ich immer wieder an solchen Särgen stehen müssen, und jedes Mal hat mich der Dank ergriffen für diese Frauen der Bekennenden Kirche.

Namenlos, einfach, – unbekannte Frauen, deren Namen in kein Geschichtsbuch eingehen, aber eingetragen sein werden im Buche des Lebens. Sie haben die unscheinbaren, so unentbehrlichen Arbeiten übernommen, die Vervielfältigungen, Verbreitung der Flugblätter und der Predigten, sie sammelten und gaben Geld und versteckten es, sie stellten ihre Wohnungen zur Verfügung für unsere heimlichen Zusammenkünfte, unerschrocken, in unwandelbarer Treue. Und sie trugen diesen Kampf mit ihrem Gebet. Und dies alles aus keinem anderen Grunde als deswegen, weil sie das Wort des Evangeliums so lieb gewonnen haben; weil sie Lebenserfahrung mit ihm gemacht haben; weil sie darum oft rascher als viele Theologen und Kirchenmänner die Verfälschung erkannt haben; weil sie es nicht untergehen lassen wollten in unserem Volk; weil sie dadurch frei geworden sind von Menschen-Furcht, so frei, daß sie oft viel radikaler und kompromißloser waren als wir vermittlungssüchtigen Theologen und eine unentbehrliche, unvergeßliche Stärkung für uns waren in den vielfältigen Versuchungen jenes Kampfes.

Nach 1945, nach der äußeren Befreiung, die für Ottonie Blanck wie für alle Berliner mit so viel neuen Leiden verbunden war, hörten diese Kämpfe nicht einfach auf. Sie wandelten sich in neue Auseinandersetzungen – Gott sei Dank nicht so gefährlich, aber mit vielen neuen Anfechtungen verbunden. Jetzt mußte das damals Gelernte angewendet werden, auch die neu entdeckte Aufgabe der Kirche, öffentlichem Unrecht und falschen Wegen unseres Volkes zu widerstehen und einzutreten für alle, die Unrecht leiden, für alle Unterdrückten und Entrechteten, und auch für die Entgleisten und für die Ausgeschlossenen unserer Gesellschaft. Der Weg, den Martin Niemöller und Kurt Scharf gingen und unserer Kirche wiesen, der war für sie die selbstverständliche Konsequenz aus dem Kirchenkampf, und sie ist ihn mit ganzem Herzen mitgegangen.

Ein privatisiertes Christentum, das den Heiland nur fürs eigene Seelenheil beschlagnahmt, ist ein halbiertes Christentum, und christlicher Glaube will im öffentlichen Leben ebenso praktiziert sein wie im persönlichen. Aber ebenso gilt: Er, der für alle Menschen gekommen ist, gestorben ist und lebt, der will auch mein Heiland und Befreier sein ganz persönlich, gegenwärtig in meinem persönlichen Erleben des Glücks und des Leides, in meinen innersten Schwierigkeiten, die ich mit mir selber habe. Auf dem Krankenbett will er gegenwärtig sein und mitwirken an meiner letzten Wegstrecke durch sein helfendes, befreiendes Wort.

Das hat sie noch erfahren dürfen. In ihrer von den Eltern ererbten preußischen Disziplin hat sie sich in Zucht genommen, die Schmerzen verbissen, die Klagen gedämpft, und wurde befreit, noch teilzunehmen mitten unter Schmerzen

am Leben der Anderen, an Fragen der Kirche und der bedrohten Welt, und erfreut zu werden durch die Liebe der Ihrigen und der Freunde. Zeichen der Befreiung sind das, die wir erfahren dürfen, die uns versprochen sind durch den in seinem Wort gegenwärtigen Befreier.
Erinnerung an solche Erfahrung läßt uns nicht nur dankbar rückwärts schauen, sondern voll Hoffnung vorwärts auf die letzte, die ganze Befreiung unseres Lebens, das hier vom Tod umfangen und gefangen ist. Er verspricht uns, daß er den Tod uns wandeln will in die Stunde der ganzen Befreiung. Darum laßt mich schließen mit Dietrich Bonhoeffers Worten, dem letzten seiner Verse »Stationen auf dem Wege zur Freiheit«, die unsere heimgegangene Freundin gut gekannt hat.

Tod
Komm nun, höchstes Fest auf dem Wege zur ewigen Freiheit, / Tod, leg nieder beschwerliche Ketten und Mauern / vergänglichen Leibes und unsrer verblendeten Seele, / daß wir endlich erblicken, was hier uns zu sehen mißgönnt ist. / Freiheit, dich suchten wir lange in Zucht und in Tat und in Leiden. / Sterbend erkennen wir nun im Angesicht Gottes dich selbst.

ADOLF E. FREUDENBERG

1894 – 1977

Er war Jurist und Diplomat (Legationsrat), als Hitlers Machtergreifung klarstellte, daß für ihn, der mit einer Frau aus der jüdischen Familie der hamburgischen Liefmanns verheiratet war, des Bleibens im Auswärtigen Amte nicht lange mehr sein werde. So schied er aus, zog nach Dahlem in Niemöllers Gemeinde, begann Theologie zu studieren, erlebte Verhaftung und – als Sprecher der Berliner Bekenntnis-Studenten – Relegation von allen deutschen Universitäten, studierte weiter in Bethel und Basel, entschloß sich nach dem 9. November 1938 zur Emigration und wurde von der Leitung der Bekennenden Kirche nach London geschickt, um dort Hilfe für die zur Auswanderung gezwungenen christlichen Nicht-Arier zu organisieren. Der Kriegsausbruch überraschte die Familie bei einem Ferienaufenthalt in der Schweiz. Dort blieb sie, und Adolf Freudenberg übernahm das Referat für Flüchtlingshilfe bei der Genfer Zentrale der Ökumenischen Bewegung, der Keimzelle des späteren Weltkirchenrats. Über seine Tätigkeit während des Krieges hat er ergreifend in seinem Buch »Rettet sie doch!« (Zürich 1969) berichtet. Nach der Hilfe für die Opfer des deutschen Nazismus wurde er seit 1946 ein Helfer für die deutschen Opfer des Zusammenbruchs der Hitler-Herrschaft, für die Ostvertriebenen, als Pfarrer der Flüchtlingssiedlung Bad Vilbel-Heilsberg. Dort blieb er, seit 1960 im Ruhestand, wohnen, unermüdlich tätig in allerlei Aktionen zur Linderung der verschiedensten Nöte dieser Zeit, besonders aber für ein neues Verhältnis zwischen Christen und Juden wirkend. Im Mai 1976 machte er seine Abschiedsreise in das geliebte Erez Israel, mußte aber nach wenigen Tagen zurückgeflogen werden wegen Ausbruch eines Gallenleidens. Nach zwei Operationen wurden ihm noch einige friedliche Monate geschenkt, dann kam die letzte Erkrankung und das Sterben am 7. Januar 1977. Ich war der Freund des Ehepaares Freudenberg seit den Dahlemer Tagen; durch meine Heirat mit der Tochter Brigitte bekam unsere Freundschaft eine neue Qualität. Die große Gemeinde, die sich zum Abschied versammelte, und die Stimmen von vielen, die Hilfe aus dem Hause Freudenberg erfahren hatten, waren das Echo eines reichen Lebens in christlicher Praxis.

»Lasset uns lieben; denn er hat uns zuerst geliebt«
(Joh. 4—19).

Liebe Heilsberggemeinde, liebe Freunde von Adolf Freudenberg, liebe Elsa und liebe Geschwister und Enkel und Verwandte von Adolf Freudenberg!
Wir nehmen Abschied von einem Manne, der hier oben nichts anderes hat sein wollen als ein Überbringer dieser guten Botschaft und dieser guten Aufforderung – der guten Nachricht: *»Er hat uns zuerst geliebt«* und der guten Aufforderung: »Darum *laßt uns lieben«*, laßt uns Menschen der Liebe werden! Diese Botschaft ist eine unerhörte Botschaft. Denn vieles, vieles, was wir erleben und sehen, widerspricht ihr, – widerspricht ihr so sehr, daß mancher unter euch es nicht wagt, das zu seiner persönlichen Überzeugung zu machen. Und es ist eine Botschaft, die man nicht beweisen kann, auf die hin man es nur wagen kann zu leben, um dann am Ende zu sehen, daß es sich gelohnt hat, zu leben nach dieser Botschaft von der göttlichen Liebe, die uns zuerst geliebt hat, und die Konsequenz daraus zu ziehen: »Darum laßt uns lieben!« Ihm, unserem Vater und Freund und Pfarrer, ist diese unerhörte und unselbstverständliche Botschaft zur Gewißheit geworden. Er war durchdrungen von ihr und ist ihr Zeuge geworden hier oben auf dem Heilsberg.
Daß zuerst die Botschaft kommt: »Er hat uns zuerst geliebt« und dann erst die Aufforderung: »Darum laßt uns lieben!«, das ist die entscheidende Hilfe bei der Schwierigkeit der

Liebe. Du kannst einem eogistischen, lieblosen Menschen tausendmal sagen, er solle lieben, und er kann tausendmal einsehen, das wäre eine gute Sache und sein Leben würde reicher dadurch, – es hilft ihm gar nichts; er kann es nicht, bis nicht sein Herz durch die Erfahrung von Liebe umgeschmolzen ist zum Lieben. Nur durch Erfahrung des Geliebtwerdens lernen wir lieben, werden wir fähig zum Lieben. Wir können nicht anfangen mit der Liebe, sondern damit wir mit der Liebe anfangen können, muß vorher die Liebe mit uns schon angefangen haben. Das war die große Erkenntnis, die unserem Freund aufgegangen ist durch diese Botschaft: Es geht unserem Lieben voraus eine ewige, göttliche Liebe. Wir sind geliebt, bevor wir lieben können. Und wir werden auch geliebt sein, wenn wir nicht mehr lieben können.

Diese Botschaft geht aus von dem Kreuz Jesu Christi, dessen Zeichen vor 30 Jahren hier auf dem alten Exerzierplatz aufgerichtet worden ist von Menschen damals, die alles verloren hatten: Heimat, Besitz, Ideale und viele geliebte Menschen. Sie haben mit der Kreuzaufrichtung auf dem öden Lehmfeld öffentlich erklärt: »Jetzt, wo wir bei Null anfangen müssen, wollen wir diesmal anfangen mit einer besseren Botschaft, nicht mehr ein Leben unter der Botschaft des Hasses und des Habenwollens und des Herrenvolks und des Eroberungskrieges, sondern unter der Botschaft, die von dem Kreuze Jesu ausgeht, der sein Leben gegeben hat für uns alle. Ein Horizont ewiger Liebe legt sich jetzt um unser Leben. Verlassen sind wir nicht verlassen, beraubt haben wir ein neues Leben, und ein besseres dazu; ein Leben nicht mehr gegeneinander, sondern füreinander und miteinander; ein solidarisches Leben wollen wir hier oben versuchen. Darum: Heilsberg. Heilvoll ist ein Leben, in dem Leben und Liebe unzertrennlich verbunden sind. Heillos ist ein Leben, in dem Leben und Liebe voneinander getrennt sind. Das haben wir nun endlich gelernt, beim gänzlichen Zusammenbruch unseres bisherigen Lebens, und damit wir das nie wieder vergessen, holen wir uns einen Pfarrer hierher, einen Überbringer dieser Botschaft und dieser Aufforderung, der sie uns immer wieder in die Ohren und in den Kopf und ins Herz hineinsagt und unseren Kindern auch.«

So kamen Adolf und Elsa Freudenberg hierher, euer Pfarrersehepaar, und unermüdlich, eins ohne den andern nicht zu denken, wurden sie zu Zeugen dieser Botschaft, von der sie selbst durchdrungen waren. Was Adolf Freudenberg mit all' seinen Predigten und seiner Tätigkeit hier hat sagen wollen, das fand er zusammengefaßt in diesem Vers des ersten Johannesbriefs, seinem Konfirmationsspruch, den er für diese Stunde bestimmt hat: *»Lasset uns lieben, denn er hat uns zuerst geliebt.«*

Für ihn selbst, liebe Freunde, hatte das eine unerhört wichtige Lebensbedeutung. Wir haben gerade im Lebenslauf gehört: Das war ein Leben, so ausgerüstet mit guten irdischen Gaben, daß mancher es beneiden könnte. Aufgewachsen in dem, was man heute eine intakte Familie nennt, in einem reichen Jugendleben mit geliebten Eltern und vielen Geschwistern, ohne finanzielle Sorgen, ausgerüstet mit vorzüglichen Anlagen des Körpers und des Geistes und des Charakters; dann eine tief glückliche Ehe und ungetrübte Freude an Kindern und Enkeln und Urenkeln. Und auch das, was zunächst Unglück zu sein schien – daß ihm wegen seiner geliebten jüdischen Frau die Heimat zur tödlichen Gefahr wurde und er Heimat und Beruf verlassen mußte – erwies sich dann als Glück: Er fand einen neuen Beruf, der ihn ganz erfüllte und in dem er unzähligen Menschen zum Helfer und zum Segen wurde, und seine Familie blieb bewahrt vor den Schlägen des Krieges, die fast jede Familie in Deutschland getroffen haben.

Nun aber das Wichtige: Alle diese irdischen Gaben und Bewahrungen nahm er nicht als glückliche Zufälle, als ein Glück, wo andere Pech haben, ein Glück, das man genießt, während es anderen schlechter geht, sondern im Hören der

guten Botschaft wurden ihm diese irdischen Gaben und Bewahrungen zu irdischen Zeichen der ewigen Liebe Gottes. Das hatte für ihn drei praktische Lebensfolgen. Erstens: Weil er diese Gaben und Bewahrungen jetzt nicht mehr als selbstverständlich nahm oder gar, als hätte er sie verdient und als stünden sie ihm zu, sondern als unverdiente Geschenke der ewigen Liebe, wurde er ein tief dankbarer Mensch, und seine Dankbarkeit war das Geheimnis seiner Lebensfreude, seines Humors und seiner Heiterkeit und der Güte und Freundlichkeit, mit der er uns alle erquickt hat.
Zweitens: Mit dem allen war er ja ein privilegierter Mensch gegenüber vielen anderen. Das Hören der guten Botschaft fragte ihn ständig: Was machst du mit deinen Privilegien? Er fragte zurück: Was soll ich mit ihnen machen? So fragte er den, der nun zum Herrn seines Lebens geworden war, seinen Herrn Jesus Christus. Und der antwortete ihm jeden Tag: »Mach' es wie ich, nimm dir mich zum Beispiel. Alles, was ich bin und habe, meine ewige Gottesgemeinschaft, meine Gerechtigkeit und Wahrheit, alles setze ich ein für deine und meine Menschenbrüder. Folge mir nach und werde mein Helfer für meine und deine Menschenschwestern und -brüder in ihrer Not!« So wurde Adolf Freudenberg ein Mensch, der seine Privilegien täglich einsetzte zum Dienst für andere Menschen. So hat er mitfühlend und tätig teilgenommen an euren kleinen und großen Sorgen, wie viele von euch bezeugen können. Und sein Mitfühlen und Tätigwerden hat sich nicht auf den Heilsberg beschränkt, sondern ging hinaus, ging nach Israel im Besonderen, zu der neuen Heimat der Juden, ging auf den Frieden zwischen Juden und Arabern und ging überall dorthin, wo in der weiten Welt Völker durch Unterdrückung und Ausbeutung bedrängt werden.
Wo ein Jünger Jesu so dem Beispiel Jesu folgt, da wird er uns zum Beispiel und Lehrer. Das Beispiel Adolf Freudenbergs fragt also jeden von uns; denn jeder von uns ist ja in irgendeiner Hinsicht ein privilegierter Mensch, hat es besser

als andere neben ihm an Gesundheit und Intelligenz, Besitz usw. So geht an jeden von uns die Frage: Was machst du mit deinen Privilegien? Genießt du sie nur für dich und deine Angehörigen, oder geht es darüber hinaus weiter zum Dienst an Anderen? Und wenn eine Erinnerung, liebe Freunde, an Adolf Freudenberg hier auf dem Heilsberg bleibt, dann soll es auch die Erinnerung daran sein, daß er die Christengemeinde auf dem Heilsberg immer hinausgewiesen hat über ihre eigene Beschränkung, hinaus in die weite Welt zu den Nöten, die die Zeitungen in unser Haus tragen. Euer Gemeindeleben ist nicht ärmer, sondern reicher geworden durch diese Teilnahme an den Nöten der Welt, und ihr habt gelernt, zu verbinden miteinander den Glauben und die Liebe und damit auch den Glauben und die Politik, da es in der Politik um praktische Nächstenliebe geht, und darum auch, was ihm besonders am Herzen lag, den Glauben und die Demokratie, da es in der Demokratie darum geht, daß wir nicht Verantwortungen abschieben auf andere, auf Obrigkeiten über uns, sondern jeder sich seiner Verantwortung selber bewußt ist.
Die dritte Folge: Als er im Hören der guten Botschaft die guten irdischen Gaben und Bewahrungen erkannte als irdische Zeichen der Liebe Gottes, da hat er auch gelernt: Es sind *nur* Zeichen und nicht die Sache, nicht die Liebe selbst. Der sie gegeben hat, kann sie wieder nehmen. Und wenn er uns solche irdischen Zeichen seiner Liebe nimmt, dann entzieht er uns damit seine Liebe nicht. Ein Vers von Jochen Klepper:
»Was er uns nimmt, was er uns gibt, / verkündigt uns, daß er uns liebt.«
Im Jahr 1940, beim letzten Zusammentreffen mit Adolf Freudenberg vor der dann kommenden langen Trennung, sprachen wir über wohlhabende jüdische Freunde, die jetzt froh sein mußten, wenn sie bei der Flucht aus Deutschland wenigstens ihr nacktes Leben retten konnten, und er sagte zu mir – es ist mir unvergeßlich –: »Eigentlich müßten wir

alle, die wir dies jetzt erfahren, doch ganz unabhängig werden von den irdischen Gütern, ganz überlegen über ihren Verlust, und unsere Gedanken richten allein auf das, was uns keiner nehmen kann.« Nun, inzwischen kleben wir schon wieder sehr an den wiedergewonnenen irdischen Gütern und sind hineingezogen in den Tanz ums Goldene Kalb. Um so wichtiger diese Erinnerung, und wichtig gerade, liebe Freunde, fürs Altwerden. Denn Altwerden heißt, daß uns nacheinander die irdischen Zeichen der ewigen Liebe entzogen werden. Die Kräfte nehmen ab, die Beweglichkeit, die Wirkungsmöglichkeiten, das Gedächtnis, das Gehör, die Sehkraft, und jedes Abnehmen kann unseren Blick lenken auf den Geber der Gaben, der seine Liebe uns nicht entzieht, wenn er die Zeichen seiner Liebe uns entzieht und zuletzt die Gabe des irdischen Lebens. Verborgen ist, wohin im einzelnen der Tod uns führt. Offenbar durch die gute Botschaft ist: Wenn wir einschlafen, dann schlafen wir hinüber in die Liebe Gottes.

Auch uns ist jetzt ein Zeichen der Liebe Gottes entzogen worden; denn jeder treue Jünger Jesu, der eine solche Wohltat für andere wird, wie es dieser Mensch hat sein dürfen, ist ein Zeichen der Liebe Gottes. Diese Zeichen sind alles Leihgaben auf Frist und Leihgaben zum Dienen. Auch jeder Mensch, der uns eine Wohltat ist. Der uns diesen seinen Diener Adolf Freudenberg in unser Leben hereingegeben hat, der hat ihn uns jetzt wieder genommen. Wir nehmen dankbar Abschied und wir bitten den, der ihn uns gegeben hat: Nimm ihn auf, unseren Bruder, in deine ewige Liebe, und hilf uns, daß wir einander das werden, was er durch deine Gnade uns gewesen ist: ein Zeichen und ein Zeuge deiner Liebe, die uns zuerst geliebt hat! Amen.

NACHWEISE

Elly Heuss-Knapp
Elly Heuss-Knapp zum Gedächtnis,
Laetare Verlag, Nürnberg 1952, 7–21.

Else Niemöller, Dorothea Schulz
Junge Kirche 22, 1961, Heft 9, 529–532.

Charlotte von Kirschbaum
Junge Kirche 37, 1976, Heft 1, 33–35.

Ulrike Meinhof
Junge Kirche 37, 1976, Heft 6, 318–319.

Gustav W. Heinemann
Junge Kirche 37, 1976, Heft 8/9, Beilage.

Alle übrigen Grabreden sind bisher unveröffentlicht.